Sabine Lehrian

# Die Abäppler

## Ein Leitfaden zu selbstbestimmter Pferdehaltung

Sabine Lehrian

# Die Abäppler

## Ein Leitfaden zu selbstbestimmter Pferdehaltung

Bibliografische Information der Deutschen Nationalbibliothek:

Die Deutsche Nationalbibliothek verzeichnet diese Publikation in der Deutschen Nationalbibliografie; detaillierte bibliografische Daten sind im Internet über http://dnb.dnb.de abrufbar.

© 2022 Sabine Lehrian

Herstellung und Verlag: BoD – Books on Demand, Norderstedt

ISBN: 9783756814886

Alle Angaben in diesem Buch sind als Beispiele zu verstehen; sie erfolgen nach bestem Wissen und auf die beschriebene Situation abgestimmt. Jede vorhandene Gegebenheit sowie praktische Umsetzung muss daher immer eigenverantwortlich geprüft werden. Für einen möglichen Missbrauch der Informationen aus diesem Buch, Nachteile oder Schäden, die aus den gemachten praktischen Hinweisen resultieren, kann die Autorin nicht zur Verantwortung gezogen werden. Eine Haftung für Personen-, Sach- und Vermögensschäden ist ausgeschlossen.

In Erinnerung an **Barbara Wetteroth**


*Sie sensibilisierte meine Wahrnehmung*

*und bildete mich in klassischer Homöopathie aus.*

# Inhalt

I

## I. Einleitung

Warum bin ich eigentlich Selbstversorger beziehungsweise „Abäpplerin" geworden? Warum habe ich an 330 von 365 Tagen Gummistiefel an, trage alte Jeans und mit Heucobs-Sud verschmierte Jacken, kann kaum oder auf keinen Fall zu lange in Urlaub fahren und plane alle meine Termine rund um die Äppelmacher? Die Antwort ist ganz einfach: Weil ich Pferde liebe, weil ich unsere Pferde liebe. Liebe ist nun mal ein allumfassendes Gesetz. Nichts freut mich mehr, als morgens mit leisem Gebrummel aus wachen, manchmal noch blinzelnden Augen begrüßt zu werden. Niemals hat ein Pferd schlechte Laune oder ist mies drauf, wenn ich morgens die Stalltür aufmache. Vielmehr spüre ich im Stall eine wunderbare Energie, eine tiefe Ruhe und Freundlichkeit. Mit der Zeit entwickelt sich durch das kontinuierliche und enge Zusammensein eine Beziehung zwischen Mensch und Pferd, die aus meiner Sicht nicht vergleichbar ist mit der Bindung, die man in einem Pensionsstall aufbauen kann.

Pferdehaltung in der Nähe des eigenen Hauses war seit vielen Jahren mein Traum. Mittlerweile ist er für mich und meinen Partner Wirklichkeit geworden. Wenn ich heute zurückschaue, wünsche ich mir in sehr seltenen Momenten, wieder Einstellerin zu sein und keine Verantwortung für Einstreu, Abäppeln oder Wasser auf den Wiesen zu haben. Das sind aber nur sehr kurze Phasen. Die meiste Zeit bin ich froh, dass ich selbst entscheiden kann und vor allen Dingen, dass es den Pferden gut geht, sie gesund sind und uns jeden Tag ihre Zuneigung und Freundschaft schenken.

Mein Fazit: Ich würde es jederzeit wieder tun!

## II. Der Planungsprozess

Wenn du den gleichen Wunsch hast wie ich damals, wäre es ratsam, einige Themen im Vorfeld abzuklopfen. Damit bist Du besser gerüstet für das, was auf dich zukommt. Bevor du eine Wiese oder einen Stall pachtest oder gar mit einer Immobilie inklusive Stall und Weideland liebäugelst, solltest du dir über verschiedene Dinge im Klaren sein:

### Deine Persönlichkeit

Grundsätzlich gehe ich davon aus, dass du dein Vorhaben nicht allein planst. Gegebenenfalls hast du einen Partner, einen Freund oder eine Freundin, mit dem / der du gemeinsam die Pferde versorgen wirst. Denn klar ist: Ein Pferd sollte nicht allein gehalten werden. Wenn du ein Pferd besitzt, brauchst du demnach einen zweiten Pferdehalter, der mitzieht, oder mindestens ein zweites Pferd. Wenn du krank bist, beruflich stark eingespannt, oder wenn du ein familiäres Problem hast, solltest du eine Vertretung für die Versorgung der Tiere haben. Noch besser wäre ein ganzes Netzwerk, auf das du zurückgreifen kannst.

Weiterhin sind grundsätzliche Charaktereigenschaften gefragt wie Durchhaltevermögen, körperliche Belastbarkeit, psychische Stabilität und jede Menge Idealismus. Um Pferde annähernd artgerecht zu halten, müssen wir im dicht besiedelten Deutschland einen recht großen Aufwand betreiben. Denn Voraussetzungen wie „weites Land", Artenvielfalt auf den Wiesen, unberührte Natur, abwechslungsreiche Böden und Nachbarn, die Pferdegerüche lieben, sind nicht immer gegeben. Stattdessen sehen wir uns unter anderem konfrontiert
- mit behördlichen Problemen
- Spaziergängern, die Süßigkeiten in unsere Pferde stopfen
- überdüngten, aber mineralienarmen Böden
- mit (Groß-)Bauern, die unsere Ankunft misstrauisch betrachten, da Pferdehalter möglicherweise begehrte Wiesenflächen pachten oder kaufen möchten.

Insofern sollten wir gerade zu Beginn auch Durchsetzungsvermögen und eine gute Kommunikationsfähigkeit mitbringen. Damit signalisieren wir dem Umfeld, dass wir nun zwar Nachbarn oder Ortsbewohner werden, aber (meist) keine Gefahr darstellen. Außerdem sind Pferdehalter erfahrungsgemäß ohnehin freundlich und hilfsbereit. Denn uns ist wichtig, dass nicht nur wir selbst sondern auch unsere Tiere positiv aufgenommen werden.

Traust du dir zu, diesen ganzen Berg möglicher Hindernisse zu überwinden? Traust du dir außerdem zu, sämtliche Steine wegzuräumen, die sonst noch so herumliegen?

Dann ist dies ein positiver Anfang.


## Zeit

Wenn ich mit Menschen spreche, die Pferde in Eigenregie halten, fehlt ihnen in den meisten Fällen eins: Zeit. Im Sommer ist der Zeitrahmen überschaubar, denn die Weidezeit bedeutet, dass die Pferde auf der Wiese grasen, dass es länger hell ist und sich der Tag länger hinzieht. Im Winter sieht das anders aus. Neben Beruf, Familie und Haushalt muss das Füttern, Misten und Abäppeln organisiert werden, und dies benötigt erfahrungsgemäß im Winter mehr Zeit. Wasser kann einfrieren, Schneewehen können ihren Weg bis in den Stall finden und man möchte bei eisigen Temperaturen ggf. seine Pferde eindecken. In der kalten und nassen Jahreszeit wird auch durch Schnee oder Matsch in den Hufen viel Dreck in die Offenställe getragen, der sich mit Raufutter oder Einstreu mischen kann. Das bedeutet beim Säubern erhebliche Mehrarbeit. All das kostet Zeit und Energie, die man haben und aufbringen muss, falls es erforderlich ist. Deshalb sollte man sich vorher überlegen, ob man diese Zeit hat. Ob man selbst in stressigen Momenten, etwa bei Stromausfall die Ruhe bewahren kann oder ob bei einem selbst die Sicherungen schnell durchbrennen. Permanenter Zeitdruck schadet auf Dauer nicht nur körperlich und seelisch, sondern wirkt sich auch auf die Beziehung zu seinem Umfeld und seinen Pferden aus. Pferde sind Meister der nonverbalen Kommunikation und spüren inneren Druck, Unausgeglichenheit oder schlechte Laune oft schneller, als wir sie an uns selbst wahrnehmen.

In einer Facebook-Gruppe las ich einmal die Frage einer Frau: „Was macht ihr eigentlich zuerst, wenn ihr als Selbstversorger in den Stall kommt?" Eine andere Halterin riet der Fragenden, unbedingt zuerst ihr Pferd zu satteln und zu reiten. Denn später würde sie es sicherlich nicht mehr tun, weil sie dann mit anderen Dingen beschäftigt sei: Heu zu schütteln, Wasser aufzufüllen, Zäune zu reparieren etc. Damals lachte ich über diese Antwort, aber heute denke ich: „Sie hatte absolut Recht." Wenn man erst einmal anfängt, durch seinen eigenen Stall zu gehen, findet man ständig Dinge, die man noch verbessern kann. Hier nochmal kehren, dort hängt der Zaun schief und irgendetwas geht meistens kaputt und muss repariert werden. Vieles ist so zeitaufwändig, dass danach schon wieder Fütterungszeit ist. Manchmal ist es dunkel, matschig oder im Haus wartet noch Arbeit auf uns.

Seit wir einen einjährigen Hengst gekauft haben ist es immer wichtig, einen gut aufgeladenen Akkuschrauber im Stall zu haben, weil dieses Pferd dauernd irgendwelche neuen Ideen hat: Steine ausgraben, Torgriffe demolieren, die Gummimatten vom Mistbrett abfressen und noch vieles mehr.

Du brauchst also auf jeden Fall Zeitpuffer, vor allem am Anfang, wenn sich die Dinge zwischen Mensch und Pferd erst einspielen. Unvorhergesehenes kann passieren. Das frisst manchmal sehr viel Zeit. Wenn dazu noch ein Pferd krank wird, die Beleuchtung unzureichend und das Wasser eingefroren ist, kannst du sehr schnell an deine Grenzen kommen. Hier spreche ich übrigens aus eigener Erfahrung, denn nichts in meinem Leben hat mich so sehr an meine körperlichen und psychischen Grenzen gebracht wie meine Tätigkeit als Selbstversorgerin.

Finanzielle Ressourcen

Um es gleich vorwegzunehmen, gespart haben wir durch die eigene Pferdehaltung nichts. Und das ist bis heute so geblieben. Natürlich muss ich keine Stallmiete mehr zahlen. Meine Rechnung vor der Umsetzung war, dass wir mit der gesparten Stallpension locker eine Hausfinanzierung bei Niedrigzins bedienen können. Das ist auch richtig. Die Zinsen für

Baudarlehen waren 2016 sehr niedrig, als wir unser Anwesen kauften. Seit diesem Jahr (2022) ist ein deutlicher Anstieg der Bauzinsen zu verzeichnen, was man bei Neufinanzierungen einkalkulieren muss.

In unserem Fall mussten wir zunächst einmal eine Infrastruktur schaffen. Wir haben eine Hofreite mit Nebengebäuden übernommen und Wiesen, auf denen vorher Kühe und Rinder standen. Daher mussten wir umbauen, abreißen, renovieren und neu schaffen. Und dabei erlebt man in alten Gemäuern oft Überraschungen, die mehr Aufwand nach sich ziehen als geplant.

Natürlich kennst du deine finanziellen Möglichkeiten selbst am besten und hast dir sicherlich alles gut überlegt. Trotzdem möchte ich dir raten, einen großzügigen finanziellen Puffer einzuplanen – Geld, das du nur dann brauchst, wenn etwas aufwändiger wird als berechnet. Wenn du diese Rücklage später nicht brauchst ist alles gut. Aber mache nicht den Fehler, zu knapp zu kalkulieren. Auch so banale Dinge wie das Wetter können deine Finanzen durcheinanderbringen. Der zweite Sommer unserer Selbstversorgung im Jahr 2018 war der trockenste Sommer seit 2003, und die Heuernte war so schlecht wie in kaum einem anderen Jahr. Dies hatte zur Folge, dass die Heupreise explodierten und wir das Doppelte, teilweise sogar das Dreifache des sonst üblichen Preises zahlen mussten. Zugegeben, so etwas geschieht eher selten, aber du solltest es einkalkulieren.

Die Pferdeimmobilie

Gepachtete Ställe, in denen ich auch Selbstversorger war, hatte ich schon seit meiner Schulzeit. Der allererste Stall lag nur wenige Schritte von meiner Wohnung entfernt, der zweite ein paar Kilometer weit weg. Doch selbst ein kurzer Weg kann auf Dauer beschwerlich werden. Hinzu kommt, dass man bei Ställen im Außenbereich häufig weder Strom noch Wasser vor Ort hat und alles hin-und hertransportiert werden muss.

Irgendwann war klar, dass wir gemeinsam mit den Pferden an einem Ort wohnen wollten. Aus dem Fenster schauen und sehen, was die Vierbeiner machen. Also haben wir eine Immobilie gesucht, die zum Wohnen ebenso geeignet ist wie zur Pferdehaltung.

## Bauliche Formalitäten

Bevor man sich auf das Wagnis Pferdehaltung in Eigenregie einlässt, gibt es einige Formalitäten und gesetzliche Grundlagen zu beachten.

Was den Standort deiner Immobilie betrifft solltest du zunächst prüfen, in welchem Gebiet diese liegt und ob eine private oder auch gewerbliche Pferdehaltung erlaubt ist. Folgende Optionen sind möglich:

- Wohngebiet
- Mischgebiet
- Dorfgebiet
- Außengebiet
- Gewerbegebiet (gibt es in kleinen Dörfern oft nicht)

Die Definitionen zu den einzelnen Gebieten findet man in der Baunutzungsverordnung (BauNVO). In reinen **Wohngebieten** ist Pferdehaltung meist untersagt, allerdings gibt es auch Ausnahmeregelungen. Bauernhöfe oder Bauernhäuser liegen oft in sogenannten **Mischgebieten** oder **Dorfgebieten,** in denen wiederum Pferdehaltung oft erlaubt und geduldet ist. In **Gewerbegebieten** ist die Haltung von Großtieren eher unüblich, allerdings besteht selbst hier die Möglichkeit von Ausnahmen.

Wenn man im **Außenbereich** (Flächen, die nicht im Geltungsbereich von Bebauungsplänen liegen) eine Stallung oder befestigte Plätze (Paddock, Roundpen, Reitplatz) anlegen möchte, benötigt man eine Erlaubnis. Als Privatperson, die kein privilegierter Land- oder Nebenerwerbslandwirt ist, bekommt man in vielen Bundesländern dafür eher keine

Genehmigung, denn diese ist meist an eine gewerbliche land- oder forstwirtschaftliche Nutzung geknüpft.

Dieses Thema ist in sich sehr komplex und bundesweit nicht einheitlich geregelt. Während man in manchen Bundesländern Baugenehmigungen oder eine Erlaubnis zur Pferdehaltung bekommt, kann es sein, dass die gleiche Anfrage in einem anderen Bundesland oder Landkreis abgelehnt wird.

Grundsätzlich empfehlenswert für die Umsetzung von Pferdehaltung sind Grundstücke mit Bestandsgebäuden – gegebenenfalls ein Wohnhaus. Aber vor allem Scheunen, Hallen und Ställe, in denen früher Tiere gehalten und die auch anderweitig landwirtschaftlich genutzt wurden. Hier kann man davon ausgehen, dass es noch Misthaufen gab und die Nachbarn sowohl mit Gerüchen als auch Geräuschen vertraut sind. Gerade wenn vorher Milchvieh gehalten wurde, sind Pferde bei den Nachbarn oft sehr erwünscht, weil sie weniger Geräusche machen und wir Abäppler meist dafür sorgen, dass wenig Gerüche bei den Nachbarn ankommen. Viele Gartenbesitzer sind auch an Pferdeäpfeln interessiert, und so ist man häufig bereits zu Beginn im freundlichen Gespräch.

In welchem Gebiet dein Bauvorhaben bzw. deine Pferdeimmobilie liegt, solltest du über die Gemeinde erfahren. Dort sind diese Themen im Bauamt bzw. Ordnungsamt angesiedelt und es empfiehlt sich, all diese Fragen vorab zu klären. Eine Bauvoranfrage für einen Stall oder eine Halle wird in der Regel über einen Architekten erstellt und eingereicht.

## Sonstige Formalitäten

Pferdebesitzer sind in der Regel Menschen, die sich privat ein oder mehrere Pferde halten. Diese Menschen sind sich ihrer Verantwortung meist sehr bewusst und sehen das Tier als Freund und Partner und nicht als Sportgerät. Insofern ist davon auszugehen, dass die artgerechte Haltung der Pferde die Grundlage darstellt, den enormen Aufwand überhaupt zu betreiben. Und der Passus im Tierschutzgesetz (TierSchG) §2 sollte für jeden von uns bekannt sein.

*„Wer ein Tier hält, betreut oder zu betreuen hat,*
*(1) muss das Tier seiner Art und seinen Bedürfnisse entsprechend angemessen ernähren, pflegen und verhaltensgerecht unterbringen,*
*(2) darf die Möglichkeit des Tieres zu artgemäßer Bewegung nicht so einschränken, dass ihm Schmerzen oder vermeidbare Leiden oder Schäden zugefügt werden,*
*(3) muss über die für eine angemessene Ernährung, Pflege und verhaltensgerechte Unterbringung des Tieres erforderlichen Kenntnisse und Fähigkeiten verfügen.“*

Darüber hinaus beenden wir die Pensionspferdehaltung ja meist, weil wir die Haltungsbedingungen für unsere Pferde verbessern und ihnen ein schöneres Leben ermöglichen wollen. Diese Zielsetzung, verbunden mit einem hohen Arbeitsaufwand und der Möglichkeit, eine tiefere Bindung zu unseren Pferden einzugehen lässt vermuten, dass wir weit mehr tun, als es dieses Gesetz in Worte fassen kann.

Private Pferdehaltung sollte auch beim Veterinäramt angezeigt werden, da dieses Amt dokumentiert, welche und wie viele Tiere in seinen Zuständigkeitsbereich fallen. Gesetzliche Grundlage hierfür ist die Viehverkehrsverordnung § 26 (welch ein „Unwort" für unser schönes Hobby). Weiterhin sind wir verpflichtet, Anzahl und Art unserer Pferde auch bei der Tierseuchenkasse zu melden. Es liegt eine gesetzliche Meldepflicht vor, die bei Ausbruch einer Seuche sofortige Maßnahmen zum Schutz der Tiere ermöglichen soll. Die Adressen des Veterinäramts und der Tierseuchenkasse erhältst du von den Gemeinden oder Landkreisämtern.

Schließlich haben wir als Stallbetreiber die Pflicht für alle Pferde (Ponys und Esel), die Equidenpässe aufzubewahren. Diese sind von der EU vorgeschrieben und dienen der eindeutigen Identifikation der Tiere. Weiterhin werden im Equidenpass Arzneimittel und Impfungen dokumentiert.

Eine Haftpflichtversicherung für die Pferde in deinem Stall sollte selbstverständlich sein.

## Die Suche nach einem geeigneten Objekt

Manchen Menschen fallen Dinge in den Schoss, die sie kaum zu schätzen wissen. So ist oft zu beobachten, dass die Kinder von Pferdehaltern gar kein Interesse daran haben, zu reiten oder den Stall weiterzuführen, obwohl alle Voraussetzungen dafür vorhanden sind. Auch Kinder von Landwirten wissen von klein auf, wieviel Arbeit und Verantwortung Tierhaltung bedeutet. Daher sehnen sie sich vielleicht nach einem Leben mit freien Wochenenden und Urlaubsreisen, fernab von Gestank in der Nase und Dreck an den Schuhen. Wir Hobbypferdehalter können dies oft nicht verstehen, weil der Mangel an einer solchen Infrastruktur meist unser größtes Problem ist.

Vor diesem Hintergrund beginnt die Suche. Entweder suchen wir einen Stall mit Weideland oder ein Haus, eine Hofreite, einen Bauernhof mit angrenzendem Weideland und Gebäuden, in denen man Ställe einrichten kann oder in denen bereits Tiere untergebracht waren.

Attraktive Objekte gehen von jeher meist unter der Hand weg. Nachbarn, Anwohner, Freunde oder Bekannte kennen jemanden, der ein solches Objekt sucht, und schon kommt ein Kauf zustande, ohne dass das Objekt überhaupt jemals in einem größeren Rahmen etwa Internet, Zeitung oder Makler angeboten wurde. Das spart Zeit und Geld (gesparte Provisionen). Hinzu kommt, dass man bei den Preisverhandlungen oft in keinem allzu großen Wettbewerb steht und die Chance besteht, dass man eine Immobilie samt Land in einem guten Preis-Leistungsverhältnis erwerben kann. Da diese Angebote natürlich nicht einfach so auf einen zukommen empfehle ich dir, möglichst vielen Menschen in deinem Freundes- und Bekanntenkreis von deinem Vorhaben zu erzählen. Oft kommt irgendwann die Rückmeldung, dass ein Objekt zu verkaufen ist, das du dir exklusiv anschauen kannst. Ob es das richtige ist sei dahingestellt, aber es ist zumindest eine Chance und du hast dein Netzwerk erweitert. Daraus kann sich gegebenenfalls wieder Neues entwickeln. Mund-zu-Mund Propaganda strebt im Prinzip jeder Privatmensch und jeder Unternehmer an, weil sie nichts kostet und sehr effektiv sein kann.

Auch über Immobilienportale im Internet kann man einen geeigneten Stall bzw. eine Wohnimmobilie mit Möglichkeit zur Pferdehaltung finden. Neben den bekannten großen Immobilienportalen gibt es auch Seiten, auf denen Privatleute ohne Makler verkaufen, und übergeordnete Immobilienportale wie „immobilienportale.com". Dort findest du eine Übersicht mehrerer Portale. Du kannst auch auf Kleinanzeigenportalen recherchieren, etwa auf „ebay-kleinanzeigen.de" oder „quoka.de", und nicht zuletzt in sozialen Medien wie Facebook. Hier findest du neben Immobiliengruppen, in denen entsprechende Angebote gemacht werden auch Gruppen, die sich zum Thema Pferdehaltung austauschen. Im Laufe der Zeit wirst du jedoch feststellen, dass dieselben Objekte immer wieder in unterschiedlichen Portalen auftauchen bzw. untereinander verlinkt sind. Am Ende hast du zwar mehrere Portale durchsucht, aber nicht mehr Ergebnisse bekommen. Wenn du genau weißt, was du suchst und wie dein Budget aussieht, kannst du auch selbst Gesuche einstellen oder deinen Immobilienwunsch an Immobilienmakler in den entsprechenden Regionen übermittln.

## Die Pferdeimmobilie gefunden?

Wenn du ein passendes Objekt mit ausreichend Land für dein(e) Pferd(e) gefunden hast, solltest du einen oder mehrere Menschen deines Vertrauens mitnehmen und ihnen das Objekt zeigen. Pferdehaltung am Haus löst erfahrungsgemäß viele Emotionen aus. Man sieht seinen Traum bereits erfüllt und galoppiert in Gedanken schon durch den umliegenden Wald. Da kann es leicht passieren, dass man Baumängel und andere Risikofaktoren gar nicht mehr wahrnimmt. Neutrale Personen sehen da wahrscheinlich klarer und können Dinge erkennen, die dir in deinem euphorischen Zustand einfach entgehen.

Auch hier spreche ich aus eigener Erfahrung. Wir haben auf dem Land ein Haus mit Stall und Nebengebäuden erworben. Wie sich später herausstellte, waren die Bäder und die Küche des Hauses nicht an den Abwasserkanal angeschlossen. Vielmehr wurde das gesamte Abwasser inklusive Fäkalien in eine Sickergrube hinter dem Haus geleitet. Die Kosten für den Kanalanschluss, den wir später in Auftrag gaben, hatten wir nicht eingeplant. Das war eine der Ausgaben, die wir aus unseren finanziellen Rücklagen bestreiten mussten.

Wichtig für deine Planungen sind demnach ausreichende Informationen darüber, wo genau deine Pferdehaltung stattfinden soll und welche Vorgaben du beachten musst. Man sollte diese Themen zwar ernst nehmen, sich aber auch nicht davon abschrecken lassen. Gerade zu Beginn der Umsetzung ist die Klärung dieser Fragen wahrscheinlich eher lästig und unter Umständen zeitaufwändig. Sie können aber im späteren Zusammenleben mit Nachbarn und Anwohnern sehr entscheidend dahingehend sein, ob dein Vorhaben erfolgreich sein wird und du mit Spaß und Freude deinem Hobby nachgehen kannst.

## Ablauf

Wenn du einen geeigneten Stall bzw. Hof gefunden hast, um deinen Plan der eigenen Pferdehaltung umzusetzen, empfehle ich dir einen Ablaufplan. In einer To-Do-Liste werden alle Aufgaben Schritt für Schritt notiert und abgearbeitet, bevor Menschen und Pferde umziehen können.

Dabei solltest du Prioritäten setzen für Tätigkeiten, die zwingend vor dem Einzug erledigt werden müssen und Aktivitäten, die man auch später in Ruhe durchführen kann. Dann, wenn Zwei- und Vierbeiner Haus und Stall bereits bewohnen.

Wir hatten zu Beginn ellenlange Listen, die wir abgearbeitet haben. Ziel war eine einzugsbereite Wohnung für uns sowie ein Offenstall inkl. zugehörigem Paddock und eingezäunter Wiese für die Pferde. Weitere Maßnahmen haben wir schrittweise durchgeführt, nachdem wir eingezogen waren.

## Infrastruktur

Netzwerke sind immer wichtig. Pferdehalter arbeiten üblicherweise regelmäßig mit mehreren Dienstleistern zusammen, zu denen sie im Laufe der Zeit ein Vertrauensverhältnis aufbauen, und die wichtig für die Gesundheit und das Wohlergehen der Pferde sind. Dazu gehören:

- Tierarzt, Tierheilpraktiker
- Pferdezahnbehandler
- Futtermittel- und Einstreuanbieter
- Huforthopäde oder Hufschmied
- Mistentsorger
- Heulieferant
- Pferdetrainer, Reitlehrer

Vor dem Einzug ins neue Heim hatte ich eine Bekannte befragt, die bereits seit vielen Jahren in der Region Pferde am Haus hielt. Sie hatte mir einige Tierärzte sowie Zahnbehandler empfohlen. Aus meiner Sicht findet man dazu im Internet immer noch recht wenig. Während es für die Behandlung von Menschen bereits viele Portale gibt, in denen man nach stationären Einrichtungen und ambulanten Ärzten und Therapeuten suchen kann, bieten diese Portale für Tierhalter bisher kaum Brauchbares. Daher kann ich nur empfehlen, sich bei Pferdehaltern in der Region vorzustellen und über diese Fragen zu sprechen. Ein Großtierarzt, den man im Web recherchiert hat, mag in der Nähe und verfügbar sein, aber ob er auch ein guter Behandler für das spezielle Problem deines Pferdes ist? Daher ist es ratsamer, sich im Vorfeld nach Erfahrungen oder Eindrücken anderer Pferdebesitzer zu erkundigen. Da ein gesundheitliches Problem, eine Verletzung oder ein akuter (Not-)Fall auf uns alle zukommen kann, ist es wichtig vorzusorgen und nicht erst mit dem Suchen zu beginnen, wenn man das Problem bereits hat. So kann man unter Umständen wertvolle Zeit sparen.

Mindestens genauso wichtig ist es Menschen zu kennen, die eine ähnliche Einstellung zum Pferd haben wie du selbst. Auf diese Weise kann man sich gegenseitig aushelfen, um Rat fragen, um Unterstützung bitten und natürlich freudige und traurige Ereignisse teilen. Außer Freunden und Bekannten mit dem gleichen Hobby sind auch deine direkten (neuen) Nachbarn wichtig. Denn ob sie euch und die Pferde tolerieren, eventuell sogar mögen, hat eine große Bedeutung für das persönliche Wohlbefinden am neuen Ort. Daher haben wir uns, bevor die Pferde eingezogen sind, erst einmal bei den Nachbarn vorgestellt und berichtet, was wir vorhaben. Weiterhin haben wir mit den Nachbarn auf beiden Seiten besprochen, dass die Wiesen in Kürze mit Elektroband eingezäunt werden. Da direkt nebenan eine Familie mit einem kleinen Kind wohnte, beschlossen wir gemeinsam zu deren Seite hin über den Elektrozaun noch einen Holz-Lattenzaun zum Schutz des Kindes anzubringen. Als dann der Pferdeeinzug anstand, war bereits alles geklärt und wir waren alle willkommen.

# Checkbox Planung

| | |
|---|---|
| Persönliche Eigenschaften, körperliche, seelische und mentale Stabilität? | ☐ |
| Ausreichend Zeit im Alltag? | ☐ |
| Ausreichende finanzielle Mittel inkl. Rücklagen? | ☐ |
| Immobilie mit Stall, Weideland und Paddock zur Nutzung vorhanden? | ☐ |
| Rechtliche und behördliche Formalitäten geklärt? | ☐ |
| Organisationsablauf geklärt, To-Do-Liste mit allen Beteiligten abgestimmt? | ☐ |
| Bewegungsmöglichkeit (Platz, Roundpen, Halle) für die Pferde in Nähe? | ☐ |
| Futterlogistik (Heu, Kraft-Mineralfutter) | ☐ |
| Einstreulogistik | ☐ |
| Hufpfleger (Hufschmied, Huforthopäde) mit freien Kapazitäten in der Nähe? | ☐ |
| Tierärzte und Zahnärzte in der Nähe? | ☐ |
| Krankenbox bzw. Eingewöhnungsplatz (bei Krankheit oder Integration)? | ☐ |
| Netzwerk zum Füttern und Misten bei Krankheit, beruflicher Abwesenheit etc.? | ☐ |
| Mistentsorgung geklärt? | ☐ |
| Vorstellung bei den neuen Nachbarn geplant? | ☐ |

### III. Der Umsetzungsprozess

Nach der Planungsphase geht es nun an die Umsetzung. Vor dem Erreichen deines Zieles, die Pferde zu dir ans Haus bzw. in deinen eigenen Stall zu holen, stehen wahrscheinlich viele Maßnahmen auf dem Plan. Die sollten erst abgearbeitet werden, ehe Zwei- und Vierbeiner einziehen.

Aus diesem Grund möchte ich dich exemplarisch mit auf unsere Reise nehmen, auf der ich Schritt für Schritt erläutere, was und wie wir es umgesetzt haben. Damit hast du ein Beispielprojekt vor Augen. Dies werde ich zur besseren Vorstellung mit Fotos versehen. Damit liegt dir eine durchgeführte Planung vor. Im Nachhinein beschreibe ich jeweils, was sich bewährt hat, was ergänzt wurde und was sich als weniger wichtig oder nicht praktikabel erwiesen hat.

#### Stallbau

Grundsätzlich kommt dem Stall eine wichtige Bedeutung für die Pferde zu, denn er soll Schutz, Ruhe und Schlafgegebenheiten bieten und zum Teil auch für die Futteraufnahme bereitstehen.

Zuerst steht die Entscheidung an, ob du einen Offenstall oder Boxen bauen bzw. gestalten möchtest. Unsere Pferde stehen seit vielen Jahren im Offenstall. Dabei kann man beobachten, dass die Pferde es genießen selbst zu entscheiden, wann sie den Stall aufsuchen, sich bewegen, soziale Kontakte pflegen, fressen, dösen, spielen etc. Wenn man dies über einen längeren Zeitraum beobachtet merkt man, dass Pferde Rituale pflegen und bestimmte Zeiten für unterschiedliche Aktivitäten haben. Diese richten sich auch nach äußeren Gegebenheiten wie dem Wetter, der Jahreszeit, der Tageszeit sowie der Belastung durch Stechmücken etc.

Der Rhythmus, den du durch Fütterungszeiten, Misten, Abäppeln, Reiten und anderen Aktivitäten vorgibst, kannst du nun völlig selbst bestimmen. Pferde schätzen erfahrungsgemäß feste Abläufe und Zeiten. Sie stimmen sich sehr schnell darauf ein und es vermittelt ihnen Sicherheit.

Für uns war durch die frühere Haltung klar, eine Offenstallhaltung zu konzipieren, da diese den natürlichen Bedürfnissen der Pferde am nächsten kommt. Wir hatten dafür eine große Maschinenhalle vorgesehen, die recht stabil gebaut war. Somit war genügend Platz für die beiden Pferde. Vor dem Einzug mussten wir undichte Dachstellen ausbessern, den Boden pflastern und Liegeflächen ausbauen. Zwei große Tore waren als Ein- und Ausgänge vorgesehen, so dass das rangniedrigere Pferd jederzeit ausweichen kann und es keine Engpässe oder verschachtelte Bereiche gibt, in die ein Pferd ohne Fluchtmöglichkeit gedrängt werden kann.

*Umwandlung einer Halle in einen Offenstall*

Die ca. 80 m² große Maschinenhalle wurde nun Schritt für Schritt zu einem Offenstall umgewandelt, wie die folgenden Fotos veranschaulichen.

Aus einer stiefmütterlichen Maschinenhalle entstand ein weitläufiger Offenstall mit zwei Ein- und Ausgängen, zwei Liegeflächen sowie angrenzenden Paddocks mit Zugang zur Wiese.

**OFFENSTALL**

**Innen vorher**

Halle voller Abfall, Eisenträger wegen Einsturzgefahr, defekte Dachstellen, unebener Boden

**Innen nachher**

Abfall beseitigt, Boden gepflastert, Liegeflächen mit Holz verkleidet,
massive Holzträger (Decke) eingezogen

**OFFENSTALL**

**Innen vorher**

Gleiche Halle, Sicht von gegenüber auf das hintere Tor und die Stallgasse rechts

**Innen nachher**

Das hintere und mittlere Tor offen mit Lamellenvorhängen. Zweite Liegefläche integriert.

**OFFENSTALL**

**Außen vorher**

Unrat, zerschlagene Fensterscheiben an Stall-Außenseite

**Außen nachher**

Scheiben mit Holz verkleidet, befestigte Wege von Stall über Paddock,
zum Mistwagen und um Fressbereiche herum

**OFFENSTALL**

**Außen vorher**

Alter Hühnerstall auf einem Hügel neben dem Stall

**Außen nachher**

Befestigter Paddock vor dem Stall mit Paddockplatten und Sandschicht

# Stallgasse

An eine Stallgasse mit Anbindeplatz hatte ich zunächst kaum gedacht, aber diese hat sich für den täglichen Ablauf als enorm wichtig herausgestellt. Bei uns ist sie in den Offenstall integriert und hat mittlerweile mehrere Lichtquellen von oben und seitlich, was laut unserer Hufpflegerin die Sicht bei der Hufarbeit erleichtert. Von der Stallgasse zweigen Heulager und ein weiterer wenig genutzter Abstellraum ab. Der Platz im Stall hat den Vorteil, dass die Anbindeplätze überdacht sind. Wir nutzen die Stallgasse zum Putzen und Satteln und für Termine wie Hufpflege und Tierarzt. Vorteil bei der Integration der Stallgasse neben dem Stallbereich ist, dass ein Pferd separiert werden kann und die anderen trotzdem das Pferd sehen und gegebenenfalls dabeistehen können. Mittlerweile nutzen wir die Stelle vor dem Anbindeplatz auch für unseren Oldie, der dort in Ruhe seine Heucobs zu sich nimmt, während die anderen bereits ihr Heu kauen.

Wichtig wurde auch die Anbindemöglichkeit von **zwei Pferden nebeneinander**. Das machte Sinn, als ein Jungpferd hinzukam, das neben einem erfahrenen Pferd die Situation von Anbinden und Stillstehen lernen sollte.

Weiterhin befindet sich unser Arzneischrank in der Stallgasse für Notfälle wie Kolik oder Verletzungen etc. Gegenüber des Anbindebalkens haben wir Aufhängungen für Mistgabeln, Besen, Hufkratzer, Wasserschlauch, Rechen etc. angebracht, so dass wir kurze Wege für tägliche Routinearbeiten haben.

**STALLGASSE**

**vorher**

Abstellraum für Ziegel, Holz etc. Boden bereits befestigt

**nachher**

Anbindeplatz mit Zaumzeughaken und Parkplatz für Schubkarren

Licht von oben und seitlich, Notfallschrank neben den Halftern

## Heu- und Einstreulager

Neben Stall und Stallgasse benötigst du noch eine Stelle, an der du trocken und gut durchlüftet ausreichende Mengen an Heu lagern kannst. Heu stellt die wichtigste Grundlage in der Pferdefütterung dar. Je nachdem, wie viele Pferde du beherbergen und versorgen willst, solltest du über ausreichend Platz verfügen, deine benötigte Menge für ein Jahr zu lagern. Nachkaufen im Winter oder häppchenweiser Kauf ist meist teurer und der Transport wird schwieriger, als wenn man direkt von der Wiese, auf der das Heu gepresst wurde, seinen Vorrat kauft.

Man rechnet grob 1-2 kg Heu pro Tag für 100 kg Körpergewicht des Pferdes. Wenn man von einem 500 kg schweren Pferd ausgeht, ist man damit bei ca. 8-10 kg Heu pro Tag. Das stellt natürlich nur einen Richtwert dar. Mit der Zeit der Selbstversorgung wirst du ein Maß bekommen für die passende Menge der Heurationen für deine Pferde. Denn neben der Quantität spielt die Qualität des Heus eine große Rolle. Nach meiner Erfahrung mit anfänglich 2 Kleinpferden habe ich pro Tag mit einem kleinen Ballen Heu kalkuliert (Gewicht ca. 15 kg), so dass ich von ca. 400 Ballen pro Jahr zum Lagern ausging. Da man im Sommer durch Wiese und Grasfütterung weniger Heu benötigt, hatte ich meist im kommenden Jahr zur neuen Heuernte noch Heu übrig. Auch hier solltest du einen großzügigen Puffer einrechnen, denn es kann immer sein, dass Heu schimmelig wird oder dass du Giftpflanzen im Heu findest (Herbstzeitlose, Jakobskreuzkraut o.ä.) und diese Ballen nicht verfüttern kannst.

Für die Lagerung des frischen Heus sollte der Platz gut durchlüftet und das Heu bei der Einfuhr bereits ausreichend getrocknet sein. Sonst besteht die Gefahr, dass es schimmelt, sich erwärmt oder entzündet und es zu einem Brand kommen kann. Aber auch im Winter oder zu Regenzeiten kannst du Überraschungen erleben. Wir hatten zu Beginn einen Lagerplatz, der von mehreren Seiten offene Stellen hatte und somit gut belüftet war. Im zweiten Jahr der Heulagerung gab es einen sehr kalten Winter mit viel Schnee und Wind. Das hatte zur Folge, dass Schneewehen auf das Heu gepustet wurden und da es überall Öffnungen am Lagerplatz gab, war unser Heu auf den oberen Ballen zunächst unter einer dicken Schneeschicht verborgen und anschließend komplett nass. Diesen Bereich hatten wir später mit

Windfangnetzen sowie Wandverkleidungen abgedeckt. Dadurch konnte kein Schnee mehr hineingelangen und auch im angrenzenden Stall und der Stallgasse war man mehr vor Zugluft geschützt.

Die Kunst beim Heulagern besteht darin, eine gute Balance zu finden zwischen ausreichender Luftzirkulation und möglichst geringer Luftfeuchtigkeit. Viele Stallbesitzer haben im Winter das Problem, dass ihnen durch Nässebildung ganze Lagen Heu wegschimmeln und somit nicht mehr verfüttert werden können.

Neben dem Heulager solltest du auch an ein Lager für Einstreu denken, das ebenfalls dicht und möglichst vor Mäusen und Ratten geschützt sein sollte, da diese sehr gerne frische Einstreu annagen. Man findet manchmal ganze Gänge in noch verschlossenen Ballen, in denen die Nager schlafen und Nestbau betreiben.

Für die Liegeflächen im Offenstall nutzen wir Leinstroh, da dies einfach austauschbar, voll recyclefähig und staubfrei ist. Damit haben wir gute Erfahrungen und den Eindruck, dass die Pferde gerne darin liegen. Bei uns legen sich in der Regel nachts alle drei Pferde zum Schlafen hin, manchmal alle zusammen. Man kann durch die Kamera beobachten, dass sie mehrfach in der Nacht kurze Schlaf- und Ruhesequenzen durchlaufen. Tagsüber lässt sich das ebenfalls sehen.

Für stauballergische Pferde ist die Einstreu mit Leinstroh gleichermaßen zu empfehlen.

**HEULAGER**

vorher

Raum vor dem Stall und der Stallgasse, der als Heulager geplant war.

nachher

Nach Beseitigen des Unrats Vlies und Holzpaletten auf dem Boden,
auf die das Heu gestapelt wird. Belüftung erfolgt von oben und unten.

# Exkurs Heuqualität

Heu als wichtigste Grundlage unserer Pferdefütterung ist ein komplexes Thema. Man findet keine Kennzeichnungen, welche Inhaltsstoffe vorhanden sind, wo es herkommt, wie lange es getrocknet und wie tief es geschnitten wurde. Insofern sind wir Pferdhalter auf (oft vage) Angaben der Erzeuger angewiesen. Außerdem auf unsere Sinne, die uns Angaben machen darüber, wie das Heu riecht, wie es aussieht und sich anfühlt.

Auch nach einer mehrmonatigen Lagerung sollte das Heu frisch und nach Gräsern riechen und nicht stockig, da du davon ausgehen kannst, dass sich dann evtl. schon Schimmel oder Bakterien gebildet haben. Weiterhin sollte es sehr trocken sein. Fühlt es sich eher klamm an, haben sich in feuchtem Klima vermutlich schon Sporen, Hefen und Bakterien angesetzt, die sich schnell vermehren können. Von außen kann man dies oft nicht sehen. Je nachdem wie fest und groß die Ballen gepresst sind, ist es schwer, den inneren Kern zu beurteilen.

Leider werden mittlerweile fast nur noch große Rund- und Quaderballen gepresst, bei denen durch die großen Mähgutmengen die Wahrscheinlichkeit steigt, dass man auch Dinge findet, die dort nicht hineingehören. Wir haben bereits tote Frösche, Schlangen, Plastikbänder, Holzpfosten sowie (kein Scherz) eine Fahrradkette in Rundballen gefunden. Dabei handelte es sich um im Winter nachgekauftes Bio-Heu zu einem hohen Preis!

Folglich spielt auch beim Thema Heu das Vertrauen in deinen Heulieferanten eine große Rolle. Wenn du diesen im gleichen Ort hast, kennst du möglicherweise die bewirtschafteten Wiesen und kannst dich auch erkundigen, mit was und wann er düngt, mäht und presst. Die wenigsten Landwirte düngen gar nicht, da natürlich auch hier der Ertrag eine große Rolle spielt. Wenn du wiederkehrend bestimmte Mengen Heu abnimmst kannst du versuchen, dich mit dem Erzeuger über den Zeitpunkt von Mähen, Düngen, Pressen etc. abzustimmen. Auch kann man im besten Fall Wünsche äußern und mit vor Ort gehen, um sich die Wiesen und deren Lage anzusehen. Beide Parteien können so dazu lernen. Denn gerade Landwirte, die mit Milchviehhaltung groß geworden sind, gehen oft von anderen Voraussetzungen aus, als sie bei Pferdehaltung von Nöten sind.

Folgende Tipps zum Heukauf möchte ich aus unseren Erfahrungen zusammenfassen:

### Kauf vor Ort

Meine Empfehlung ist, sich das Heu beim Erzeuger anzusehen. Dort kannst du dir ein Bild machen, wo es herkommt und wie es lagert. Zu Beginn habe ich in Kleinanzeigen recherchiert und nach den dort gefundenen Angaben oder aus telefonischen Informationen Heu bestellt, mit dem ich meist kein Glück hatte. Auch nicht bei Heu mit Bio-Siegel, was für mich sowieso nicht nachprüfbar war. Daher fahre ich heute erst zu dem Heuanbieter, sehe mir das Heu und die Lagerung an und nehme meist auch einige Probeballen mit, um zuhause in Ruhe die Qualität zu prüfen. Erst wenn die Probe überzeugt, wenig staubt und Struktur und Geruch unseren Anforderungen entsprechen, kommt es in die engere Wahl.

### Heuanalyse

Wenn man größere Mengen benötigt, rate ich in einem Labor eine Analyse von dem Heu zu machen, bevor man eine große Anzahl im Lager sitzen hat, mit dem man nicht glücklich wird. D.h. man nimmt aus mehreren Ballen eine Probe, sendet diese an ein Labor und kann Inhaltsstoffe wie Rohfaser, Rohprotein, Zucker, Fruktan, Sand etc. bestimmen lassen. Damit erhält man objektive Werte und gleichzeitig Fütterungsempfehlungen zu seinem individuellen Heu und kann somit besser beurteilen, welche Qualität man einkauft und damit auch, ob die Preis-Leistung stimmig ist. Immer wieder kommt es vor, dass Pferde abnehmen, obwohl sie 24 h Heu zur Verfügung haben, das nicht rationiert wird. Das kann daran liegen, dass die Nährstoffgehalte im Heu nicht stimmen, bzw. einzelne Spurenelemente verringert sind, die gegebenenfalls gerade für dein Pferd wichtig sind. Ein Pferd kann dann mit diesem Heu kein Gewicht aufbauen, auch wenn es noch so viel davon frisst. Dies führt gerade bei älteren Tieren zu einem Problem, wenn der Gewichtsaufbau aufgrund des Alters, der Zähne, oder wegen Grunderkrankungen ohnehin schwierig ist.

### Zeitpunkt des Mähens abstimmen

Wenn du mit deinem Heuerzeuger eine gute Basis findest ist es ratsam, über das Mähen vor oder nach der Blüte zu sprechen. Heu, das vor der Blüte geschnitten wird, enthält für Pferde in der Regel zu viel Proteine und eignet sich eher für Kühe. Da Pferde einen hohen Rohfaserbedarf aus grober Struktur haben ist es besser, blühendes bzw. gerade abblühendes

Gras zu mähen, das einen hohen Rohfaseranteil und geringeren Proteingehalt hat. Das ist – je nach Wetterlage – meist Mitte Juni der Fall. Eine Faustregel zur Heutrocknung besagt, dass das Heu während der Trocknung maximal einmal beregnet werden darf und anschließend wieder gut trocknen sollte, bevor es gepresst wird. Optimal ist natürlich Heu, das nicht beregnet wurde, trocken eingebracht werden kann und bereits vor dem Pressen mehrfach auf schonende Weise gewendet und gut getrocknet wurde.

### Vorteile kleiner Heuballen

Bei der Frage zu Handling und Qualität arbeiten wir lieber mit kleinen Heuballen, obwohl sich in den letzten Jahren der Trend zu großen Rund-, bzw. Quaderballen entwickelt hat. Kleine Ballen haben für uns den Vorteil, dass man bereits von außen besser die Qualität einschätzen kann und sich seltener Überraschungen wie Fremdkörper oder ungenießbare Pflanzen darin finden. Schimmel- oder Sporenbildung sind meist schon von außen sichtbar und man kann diese Ballen sofort aussortieren. Weiterhin sind Kleinballen handlicher und das Heben von ca. 8-15 Kilogramm leicht möglich. Bei Rundballen benötigt man Maschinen wie Traktor oder Frontlader, um diese zu bewegen. Da wir das Heu portionieren, wird jeder Ballen per Hand aufgeschüttelt, somit werden kleine Partikel vor dem Füttern aus dem Heu gesiebt. Die Wahrscheinlichkeit, dass Giftpflanzen, Fremdkörper oder schimmelige Teile ans Pferd gelangen, ist somit äußerst gering.

### Artenvielfalt im Heu und Düngung der Böden

Mit was und wieviel ein Landwirt düngt, hängt stark von der Beschaffenheit der Wiesen und Feuchtigkeit der Böden ab. Grundsätzlich ist gegen eine fachgerechte Düngung nichts einzuwenden, da das mehrfache Mähen während des Sommers und der ständige Abtransport von Mähgut den Böden Nährstoffe entzieht. Gras benötigt jedoch bestimmte Nährstoffe, um zu wachsen und Spurenelemente einzulagern. Daher sollten Bodenproben entnommen werden, um die Bodenbeschaffenheit zu prüfen und den Flächen gezielt fehlende Nährstoffe zuzuführen. Ob dies in der Praxis durchgeführt wird, entzieht sich meist unserer Kenntnis als Heueinkäufer.

Für unseren Bedarf versuchen wir herauszufinden, ob und mit was der Landwirt seine Böden düngt. Wir vermeiden in der Regel Heukauf von stark chemisch gedüngten Wiesen.

Ebenso von Heuwiesen, die mit Rindergülle gedüngt werden, da diese in unserer Region oft in hoher Konzentration aufgebracht wird. Für Milchviehhaltung ist die Maximierung des Ertrages und des Proteinreichtums erwünscht, während dies für Pferdehalter kontraproduktiv ist und ernste Erkrankungen erzeugen kann.

Die Heuwiesen aus früheren Zeiten mit einer großen Vielfalt aus blühenden Kräutern und Gräsern sind kaum noch zu sehen. In der heutigen Landwirtschaft tendieren die Landwirte meist zum Einsäen von robusten Grassorten, wie z.B. Weidelgräser und Rohrschwingel. Sie benötigen wenig Wasser, sind sehr widerstandsfähig gegen Schädlinge und erzeugen damit hohe Erträge. Diese Grassorten breiten sich schnell aus, wachsen auch nach mehrfachem Mähen schnell nach und überwuchern andere Pflanzen. Somit sind blühende, duftende und hochgewachsene Kräuterwiesen, die man gegebenenfalls noch aus der Kindheit kennt, heute kaum noch zu finden.

Die genannten Robustgräser haben für Pferdehalter einige essentielle Nachteile. Zum einen haben sie hohe Zuckergehalte, da sie eigentlich für Kuhhaltung und Mastvieh gezüchtet wurden. In unserem Pferdeheu sollte der Zuckergehalt maximal bei 10% liegen, was bei Heu dieser Grassorten doppelt so hoch sein kann. Weiterhin gehen robuste Grassorten symbiotische Verbindungen mit Pilzen (Endophyten) ein, was zu Giftansammlungen in den Pflanzen und somit auch zu Vergiftungserscheinungen bei Pferden führen kann.

Folglich sollte man auch hier offen ins Gespräch mit den Erzeugern gehen und die Bedürfnisse der Pferde sowie deren Gesunderhaltung in den Vordergrund stellen.

### Bio-Heu ist kein Garant für Pferdegesundheit

Manchmal sogar eher das Gegenteil. Denn das, was bei unseren Landwirten ein Bio-Siegel erhält, schreiben die Verordnungen der EU vor und knüpfen daran ihre Fördermittel. Beim Grünland verpflichtet sich der Landwirt, diese Flächen sehr spät (ab Juli) zu mähen für den Schutz von Dauergrünland. Das bedeutet für die Heugewinnung, je später der Schnitt, desto höher die Wahrscheinlichkeit, dass potentiell giftige Komponenten im Heu landen, wie z.B. Abbauprodukte von Jakobskreuzkraut, Herbstzeitlose oder Mohn. Giftige Substanzen im Heu können die Leber schädigen und negative Wirkungen auf den gesamten Stoffwechsel verursachen. Sei daher sensibilisiert für dieses Thema und schaue dir Bio-Heu besonders gut an. Auch hier ist vor dem Kauf eine Heuanalyse zu empfehlen.

### Heulage und Silage – bitte nicht!

In den letzten Jahren ist das Füttern von Grassilage oder Heulage bzw. Gärheu bei Pferden sehr beliebt geworden. Hinter all den genannten Begriffen versteht man gemähtes Grünfutter, das nur wenig angetrocknet und anschließend in mehrere Lagen Plastikfolie luftdicht verpackt wird. Somit entsteht in diesem Futter ein Gärprozess, bei dem mittels Milchsäurebakterien eine Umwandlung von Zucker (Kohlehydraten) in Säure stattfindet und aus dem ein Endprodukt mit saurem pH-Wert entsteht. Je höher der Zuckeranteil im Futter ist, desto schneller und sauberer gelingen die Gär- und Umwandlungsprozesse. Das Ziel von Silagefutter ist die Konservierung von Futter und den enthaltenen Spurenelementen und Nährstoffen unter Luftabschluss. Dieses Futter ist durch seine Herstellung feuchter als Heu, was deutlich fühlbar ist. Im Labor werden Trockenmasseanteile (Bestandteil einer Substanz, die nach Abzug des Wassergehalts übrigbleibt) gemessen, die damit niedriger ausfallen als bei Heu. Sie liegen bei ca. 35% bis 55 % bei Silage und bei Heulage beträgt der Anteil ca. 50% bis 70% (im Vergleich zu ca. 85% bei Heu).

Gerade bei sogenannten „Heuallergikern" ist der Einsatz von diesem silierten Futter beliebt. Man kann damit sehr einfach das Thema Staub im Heu umgehen, was oft wirklich zunächst zu dem Ziel führt, dass die Pferde aufhören zu husten.

Allerdings birgt der Prozess dieser Art der Futterherstellung einige Schwachstellen, denn es können beispielsweise Fehlgärungen entstehen, wenn der Luftabschluss nicht vollständig ist. Oder es wird Schmutz in das Siliergut eingeschleust, wodurch sich krankmachende bis tödliche Gifte für Pferde entwickeln können. Auch der hohe Zuckergehalt, der den Gärprozess ankurbeln soll, ist für Pferde kontraproduktiv. Somit kann siliertes Futter lang- oder kurzfristig viele neue Probleme und Erkrankungen, wie z.B. Hufrehe, Leberschädigungen, Koliken etc. bei Pferden verursachen. Möglicherweise führst du oder dein Tierarzt diese Probleme zunächst nicht auf das Futter zurück, was du aber im Zusammenhang mit auftretenden Symptomen und Krankheit bedenken solltest.

Aus diesen Gründen ist zu einer Basisfütterung mit hochwertigem Heu zu raten, da eine gesunde Darmflora die Grundvoraussetzung für die Gesundheit und Leistungsfähigkeit von Pferden darstellt. Durch siliertes Futter, möglicherweise noch in Verbindung mit zuckerhaltiger Fütterung wie melassehaltigem Müsli, Äpfeln etc., kann es im Darm zu Fehlgärungen und Übersäuerungen kommen. Das schädigt die Darmflora und schwächt auf diese Weise das gesamte Immunsystem.

Zusammenfassend zum Thema Grundlagenfütterung ist noch hinzuzufügen, dass es hierzulande kaum möglich sein wird, den Pferden über Heu und Gras alle Nährstoffe zukommen zu lassen, die sie benötigen. Daher sollten wir qualitätsvolle, ungezuckerte, nicht melassierte Mineralfutter zufüttern. Viele Böden sind inzwischen arm an Spurenelementen wie Selen oder Zink, und das für Pferde wichtige Calcium-Phosphor Verhältnis ist nicht mehr stimmig. In Verbindung mit den Ergebnissen der Heuanalyse kann das Zusatz- und Mineralfutter genau kombiniert werden, so dass keine Über- oder Unterversorgung entsteht.

Heu als Basis der Pferdefütterung

## Sattel- und Futterkammer

Eine Sattelkammer für all dein Equipment wie Sattel, Zaumzeuge, Halfter etc. darf ebenfalls nicht fehlen. Auch dieser Raum sollte trocken sein, da sich an Leder durch Feuchtigkeit gerne Schimmel bildet und ausbreitet. Sattel- Trensen- und Halfterhalter sind in jedem Reitsportgeschäft erhältlich und können einfach angebracht werden.

Wir haben neben dem Zaum- und Sattelzeug auch Regale angebracht, in denen Verbandsmaterial, Mückenlotionen, Desinfektionsmittel etc. lagert, das man ab und an wegen der Ablaufdaten kontrollieren sollte. Da wir mit dem Hof drei bestehende Garagen übernommen hatten, von denen nur zwei benötigt wurden, haben wir eine davon als Sattelkammer umfunktioniert. Als vorteilhaft erwies sich, dass bereits Licht und Strom vorhanden waren und die letzte Garage direkt vor dem Offenstall steht, was kurze Wege bedeutet.

Die Futterkammer haben wir ins Haus verlegt, da wir Heucobs, Esparsette, Mash etc. für das Füttern von Zusatzfutter im Haus einweichen und jeder dort seine individuelle Ration zusammengestellt bekommt.

## SATTELKAMMER

Umwandeln einer Garage zur Sattelkammer

In der Stallgasse vor dem Heulager entstand
aus Holzresten ein abschraubbarer Sattelhalter.

## Die Herde

Eine Pferdeherde zählt als kleinste Einheit zwei Pferde. Dies war bei uns zu Beginn der Fall. Ein 24-jähriges New-Forest-Pony und ein 10-jähriges Quarterhorse. Beide sind Wallache und waren in der großen Herde, in der sie zuvor standen nicht unbedingt beste Freunde. Sie akzeptierten sich, lebten zusammen, fraßen auch nebeneinander Heu, aber Freundschaften pflegten sie jeweils eher mit anderen Pferden.

Daher hatte ich anfangs Bedenken, die beiden von der großen Herde zu trennen und sie künftig als Kleinherde zu halten. Meine Tierheilpraktikerin sagte dazu: Warte ab, in einer Zweierkonstellation sind die Pferde aufeinander angewiesen und werden zusammenfinden. Damit behielt sie Recht. Seit sie zu zweit im Offenstall lebten, fingen sie an sich aufeinander einzustellen, Vertrauen zu entwickeln und Nähe zuzulassen durch gegenseitiges Fellpflegen. Sie fressen und schlafen mit Körperkontakt, was früher nicht der Fall war. Mittlerweile leben sie zu dritt im Offenstall und wir haben außerdem zwei Pferde auf der direkten Nachbarweide hinzubekommen, so dass sich die Situation verändert hat. Nach mittlerweile fünf Jahren kann ich sagen, dass die beiden Wallache eine Einheit geworden sind, was wahrscheinlich im alten Stall nicht in der Form geschehen wäre. Auch die Erweiterung der Herde hat daran nichts geändert.

Grundsätzlich kommt der Herdenzusammenstellung in einer Offenstallhaltung eine große Bedeutung zu, da es beim Fressen, Trinken, Schlafen und der Bewegung um die Rangfolge geht. Pferde brauchen klare Regeln. Diese werden beim Zusammentreffen neuer Pferde direkt geklärt. Stellt man ältere Pferde in bestehende Offenstallherden, kommen diese gern beim Fressen zu kurz, da sie im Alter oft rangniedrig werden und Gerangel aus dem Weg gehen. Das sind ungünstige Konstellationen. Ebenso sind viele Wechsel und Fluktuationen in den Herden ungut, da Pferde lange brauchen, bis sich stabile Strukturen bilden. Man kann in vielen Ställen beobachten, dass in den von Menschen zusammengesetzten Herden aus Pferden / Ponys unterschiedlicher Rassen, Größen und Geschlechtern sehr viel Unruhe herrscht. Manchmal werden Tiere ausgegrenzt, was zu großem Stress und damit zu Verletzungen oder Krankheiten führen kann.

Daher obliegt uns Menschen in selbstbestimmter Haltung die verantwortungsvolle Aufgabe, möglichst passende Herdenmitglieder zusammenzustellen. Weiterhin sollten wir bei der Aufnahme neuer Pferde mit sehr viel Sorgfalt und Vorsicht vorgehen und uns Zeit nehmen. Pferde haben – wie Menschen auch - unterschiedliche Individualabstände, mit denen sie sich wohl fühlen. Es kann sein, dass ein Pferd der Herde einen Neuankömmling direkt nah an sich heranlässt oder aber, dass es seinen Abstand energisch einfordert. Hier ist es wie mit vielen anderen Situationen auch. Man kann nie hundertprozentig vorhersagen was passiert, wenn ein neues Herdenmitglied kommt. Selbst ein Pferd, das man sehr lange kennt und einzuschätzen weiß, kann anders reagieren als erwartet.

Meiner Erfahrung nach ist vor allem wichtig, dass die Tiere ausreichend Platz, Raum und Zeit haben, Fragen der Rangordnung und Regeln selbst zu klären. Bei uns Menschen kommt oft Mitleid auf, wenn wir sehen, dass unser Pferd rangniedrig ist und als Letztes an Futter- oder Wasserstellen herangelassen wird. Tatsächlich ist es eher umgekehrt, denn das unterlegene Tier hat mit der Akzeptanz des ranghöheren Pferdes jemanden, der ihm Entscheidungen abnimmt und an dem es sich orientierten kann. Die Rolle eines Anführers ist oft Stressbesetzer, da diese Tiere Entscheidungen für die gesamte Herde treffen müssen.

Zu diesem Thema möchte ich noch den schönen Begriff des „Passive Leaders" (meist als „stille Anführer" übersetzt) aufgreifen, den ich aus den Büchern von Mark Rashid kenne. Das sind Pferde, die nicht unbedingt ranghoch sind, aber denen sich andere Herdenmitglieder gerne anschließen, da sie sich in ihrer Gegenwart wohl und sicher fühlen. Solche Pferde werden sozusagen „gewählt" von anderen Pferden, da sie aus deren Sicht kompetent sind. Diese Tiere gehen Konflikten in der Regel aus dem Weg, sind meist nicht an Rangkämpfen interessiert und wenden keine Gewalt an. Sie strahlen einfach Ruhe und Selbstsicherheit aus, haben ohne Anspannung die Umwelt im Blick und erkennen potenzielle Gefahren. Wenn sie eine Entscheidung treffen, macht es für andere Pferde Sinn, sich anzuschließen oder ein Verhalten nachzuahmen. Andere Herdenmitglieder ordnen sich ihnen aus eigener Entscheidung freiwillig unter. Damit genießt solch ein Pferd oft einen hohen Rang, ohne sich jemals durch Gewaltanwendung zu beweisen. Wer ein solches Tier besitzt kann sich wirklich glücklich schätzen. Diese „Perlen" üben eine sehr ausgleichende Wirkung auf die gesamte Herde aus und nehmen manchem überengagierten Herdenchef auf ruhige Weise ein bisschen den Wind aus den Segeln. Dabei geben sie ihm nicht das Gefühl, sich in seine Aufgaben einzumischen.

Abschließend möchte ich zur Herdenzusammenstellung noch sagen, dass meiner Erfahrung nach weitaus weniger Verletzungen, „Gequietsche" und Unruhe in Gruppen homogener Geschlechter herrschen. Dies hat sicherlich auch damit zu tun, dass wir, bezogen auf deren Wesen als Fluchttiere, mit relativ geringem Platz in Ställen, Ausläufen und auf Weiden leben. Es hat sich daher in vielen Ställen bewährt, Stuten und Wallache zu trennen. Gerade zu Zeiten der Stutenrosse finden oft erbitterte Rangkämpfe bei Wallachen statt. Manche entwickeln Hengstmanieren wie das Aufspringen auf Stuten, oder versuchen eine Stute von der gesamten Herde zu separieren. Da dies oft mit sehr viel Stress für die gesamte Gruppe verbunden ist, sollte man an diesem Punkt sehr gut nachdenken, bevor man eine Herde bildet.

Auch eine „Haremskonstellation" funktioniert meistens gut, bei der ein Wallach mit mehreren Stuten läuft, aber umgekehrt wäre es nicht ratsam, mehrere Wallache zu einer Stute zu stellen. Diese Beobachtungen sind natürlich sehr allgemein und subjektiv und wahrscheinlich gibt es auch ruhige Herden mit gemischten Gruppenmitgliedern. Ob, wie und wann es gut passt, sollte man in der Praxis einfach ausprobieren. Es gibt viele Menschen, die ein gutes Gefühl für die Zusammenstellung einer Herde haben. Wichtig dabei ist aber immer, dass man sich ausreichend Zeit für eine positive und langfristige Herdenzusammenstellung nimmt, da die Herde eine der wichtigsten Grundlagen für das Wohlfühlen der Pferde darstellt.

Zu Beginn Einzug mit zwei Herdenmitgliedern

Nach vier Jahren wächst die Herde auf drei Mitglieder an.

# Liegeflächen / Einstreu

Begonnen haben wir im Offenstall mit einer Liegefläche von ca. 20 m² für zwei Pferde. Nach einiger Zeit haben wir eine zweite kleinere Liegefläche von ca. 11 m² integriert, da wir gesehen haben, dass die Pferde bei Wind und Kälte in der am besten vor Zug geschützten Ecke stehen. Daher haben wir in diesem Bereich eine weitere kleinere Liegefläche erschaffen, die sie ebenfalls gerne aufsuchen. Die Pferde nutzen beide Liegeflächen zum Ruhen und Schlafen und stehen dort sehr gerne tagsüber, um sich abzukühlen oder wenn sie Schutz vor Wind, Kälte oder lästigen Stechplagen suchen.

Die Liegeflächen sollten mit einem erhöhten Balken oder Stamm abgegrenzt werden, da sonst die Einstreu durch den gesamten Stall getragen wird. Dazu haben wir Vierkanthölzer genommen, bei denen die scharfkantigen Ecken abgehobelt wurden. Wir streuen die Liegeflächen mit Leinstroh ein. Dies hat für uns mehrere Vorteile. Zum einen ist es biologisch abbaubar und wir dürfen es auf dem dorfeigenen Misthaufen entsorgen, da es sich zu Kompost entwickelt und man daraus einen Dünger mit neutralem ph-Wert erhält. Weiterhin haben wir stauballergische Pferde und diese Einstreu ist extrem staubarm, sehr saugfähig und sorgt für ein gutes Stallklima. Da wir Offenstallhaltung haben und immer ausreichend Heu zur Verfügung steht, ist die Gefahr äußert gering, dass Leinstroh gefressen wird. Dies ist ein Nachteil dieser Einstreu. Wenn Pferde Leinstroh aufnehmen, quillt dies in Verbindung mit Feuchtigkeit auf und es entsteht die Gefahr von Kolik oder anderen Verdauungsproblemen. Daher ist bei Pferden in Boxenhaltung oder mit reduzierter Heu-bzw. Strohfütterung nicht zu dieser Einstreu zu raten. Durch Bewegungsbegrenzung sowie Langeweile in der Box steigt die Wahrscheinlichkeit, dass Einstreu durchwühlt oder gefressen wird und es zu den genannten Problemen kommen kann.

Liegefläche mit Kratzhilfen an den Wänden, Einstreu mit Leinstroh

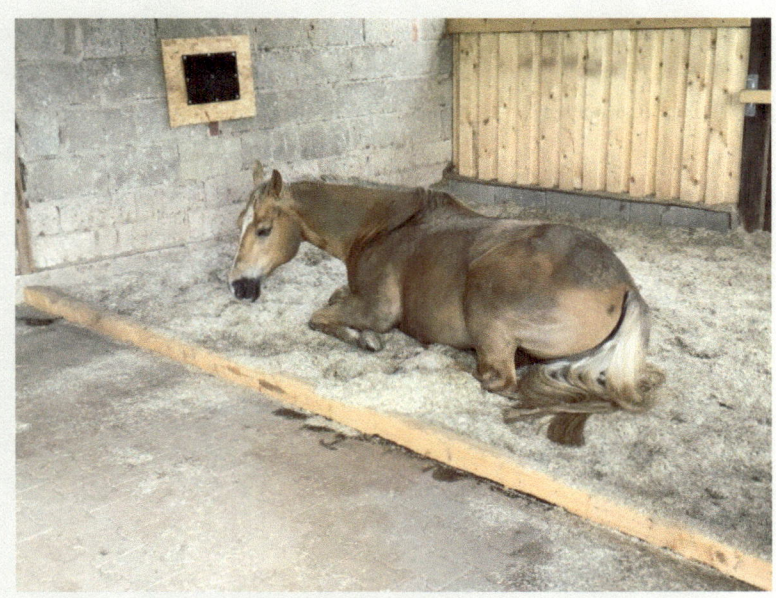

Staubarme Einstreu für Allergiker bestens geeignet

# Innenausstattung

Die Innenausstattung des Stalles war zum Einzug der Pferde noch nicht ganz vollständig. Hier haben wir nach dem Auftreten extremer Wettereinflüsse wie Schneeverwehungen, die bis auf die Liegeflächen reichten oder Sturmböen, die durch den Stall pfiffen bzw. auch nach Verfügbarkeit unserer zeitlichen und finanziellen Ressourcen nachgerüstet.

## *Kameraüberwachung*

Da es aus beruflichen Gründen immer wieder vorkam, die Pferde stunden- oder halbtagesweise alleine zu lassen, haben wir uns für eine Kameraüberwachung des Offenstalls, der Paddocks und der anschließenden Wiesen entschieden. Wir haben zunächst eine Kamera im Offenstall installiert, später kamen noch zwei weitere im Innen- und Außenbereich dazu, so dass wir fast eine Rundumsicht geschaffen haben. Da wir neben dem Stall wohnen, haben wir uns für W-LAN Kameras entschieden, die wir in unser hauseigenes System eingebunden haben. Im Stall benötigten wir dazu noch Strom, der bereits vorhanden war. Es wurden nur einige neue Steckdosen angebracht. Mit einer zugehörigen App können wir demnach jederzeit über Handy oder Tablet sehen, was im Stall und den Außenbereichen geschieht. Die Kameras zeichnen Menschen und Tiere auf. Wir können einzelne Videosequenzen abrufen und auch 24-Stunden-Sequenzen anzeigen lassen um zu sehen, ob und wie lange die Pferde gelegen haben oder ob Wildtiere wie Füchse nachts- oder tagsüber sichtbar sind.

Innenkameras mit Ausrichtung auf Stall und Liegeflächen

Außenkamera mit Ausrichtung auf Paddock und Wiesen

Im ersten Winter haben wir das Wasser bei Minustemperaturen vom Haus in den Stall getragen. Im nächsten Schritt haben wir einen heizbaren Wasserbottich gebaut, der auch bei hohen Minustemperaturen das Wasser gut temperiert hielt. Später haben wir als finale Lösung zwei Tränken mit einer Rohrbegleitheizung einbauen lassen. Die wird angeschaltet, wenn Minusgrade gemeldet sind. So können wir sicher sein, dass die Pferde 24 Stunden Wasser zur Verfügung haben.

**TRÄNKEN**

Beheizbarer Behälter, bestehend aus einer Wanne außen und einem Wassertrog innen. Zwischen die Gefäße wurde eine Heizspirale gelegt, die in eine Steckdose mündet.

Das Wasser bleibt bis zu hohen Minusgraden offen und lauwarm temperiert.

**TRÄNKEN**

Später haben wir zwei Tränken mit Rohrbegleitheizung einbauen lassen.

Die Rohre wurden mit einer Holzverkleidung versehen.

Eine Beregnungsanlage im Stall ist sicherlich keine Notwendigkeit. Wir haben diese in einem sehr heißen Sommer integriert, als die Pferde aufgrund der Witterung und dem Auftreten zahlreicher Bremsen und Stechfliegen sehr beeinträchtigt waren. Es handelt sich dabei um ein übliches Gartenbewässerungssystem, das wir am Dachbalken befestigt haben. Das Schlauchsystem endet mit einem gängigen Schlauchadapter im Wasserhahn. Man kann damit vernebeln oder sprühen, so dass man einen Effekt wie bei einer Klimaanlage hat. Da viele Pferde keine Nässe von oben mögen, kann man die Anlage anstellen solange sie draußen sind. Der Stall ist dann schön kühl, wenn sie zu einer Ruhephase hineingehen.

**BEREGNUNG**

Die Beregnungsanlage ist oben am Holzbalken festgeschraubt.
Man kann mit ihr sprühen oder vernebeln.

**BEREGNUNG**

An Nässe von oben mit zischenden Geräuschen müssen sich Pferde erst einmal gewöhnen.

*Infrarotheizlampe*

In unserer Region gibt es manchmal sehr kalte Winter. Es ist schon vorgekommen, dass es im April so stark geschneit hat, dass die Pferde gezittert haben vor Kälte, da bereits teilweise das Winterfell ausgefallen war. Da wir robuste Pferderassen mit starkem Winterfell haben, bin ich früher selten auf die Idee gekommen, ein Pferd einzudecken oder mir Gedanken zu machen, dass sie frieren könnten. Seit dem Einzug in den eigenen Offenstall haben wir nun für alle Tiere Fleecedecken angeschafft, auf die bei extremer Kälte zurückgegriffen werden kann. Da ein Pferd mittlerweile 30 Jahre alt ist und ein Muskelabbau stattgefunden hat, haben wir auch eine kleine Heizlampe im Offenstall angebracht. Diese kann genutzt werden, wenn zur Kälte auch Wind oder Regen hinzukommt. Das von uns gewählte Modell kann durch eine Fernbedienung an- und ausgeschaltet werden und ist oberhalb der großen Liegefläche, außerhalb der Reichweite der Pferde angebracht. Aus unseren Erfahrungen der letzten Jahre benötigen wir die Lampe so gut wie nie und könnten letztlich darauf auch verzichten.

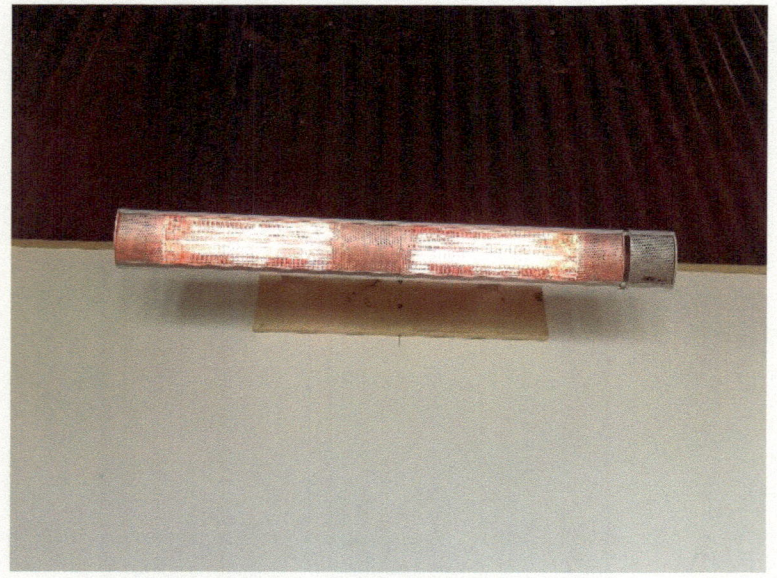

Die Infrarotheizlampe wurde über der großen Liegefläche angebracht. Sie besitzt eine Fernbedienung, so dass man sie auch vom Wohnhaus aus an- und ausschalten kann.

*Kratzhilfen und Besen*

Unsere Kratzhilfen sind äußerst beliebt und werden – vorwiegend im Fellwechsel – aber auch zu anderen Zeiten sehr gerne benutzt. Neben Besen aus langen Borsten haben wir auch Schrubber mit kurzen Borsten aufgehängt, die gerne für den Kopf- und oberen Halsbereich genutzt werden. Wichtig ist eine feste Anbringung der Kratzhilfen. Bei uns haben sich handelsübliche Besen und Schrubber für Haushaltszwecke am haltbarsten erwiesen. Wenn man stabile Pfosten oder Bäume im Laufbereich der Pferde stehen hat, kann man rundum Kratzhilfen anbringen, so dass das Reiben und Kratzen auch ein soziales „Event" werden kann.

**KRATZHILFEN**

Kratzhilfen an der Tür und am Rand der Liegeflächen, besonders beliebt während des Fellwechsels

*Lamellenvorhänge an den Türen*

Die Lamellenvorhänge, die wir an die Ein- und Ausgangstüren angebracht haben, dienen in der kälteren Jahreszeit dem Abhalten von Wind, Regen und Schneewehen. Im Sommer dienen sie als Insektenschutz. Im ersten Winter hatten wir den Stall sowie die umliegenden Lagerräume und Heuböden noch nicht gedämmt oder zugsicher gemacht. Es zog und pfiff durch den Stall und morgens war manchmal die halbe Liegefläche eingeschneit. Wir haben daher undichte Stellen verschlossen und Bleche und Netze Richtung Heuboden angebracht, so dass das Klima zwar durchlüftet blieb, aber kein Zug mehr im Stall herrschte. Gleichzeitig entwickelte sich auch viel weniger Staub und Dreck, der früher ungehindert vom Heuboden nach unten wehte.

Im Sommer, wenn man eine gewisse Durchlüftung anstrebt, um die Hitze zu verringern, kann man Teile der Lamellen herausnehmen und die dritte Stalltür (die nach außen in den Hof mündet) öffnen, so dass die Luft zirkulieren kann.

Bei den Lamellenvorhängen raten wir zu schwerer dichter Ware, die zwar – entgegen der leichteren Varianten – mehr kostet, doch diese Investition lohnt sich. Dünne Lamellen fliegen bei unserem Nord- und Ostwind so stark, dass einzelne Lamellen fast senkrecht stehen. Insofern haben wir für beide Offenstalltüren schwere PVC-Streifenvorhänge erworben, die in der Industrie für Lagerhallen oder Kühlhäuser genutzt werden. Die einzelnen Streifen sind problemlos ein- und auszuhängen und man kann sie einfach kürzen, um die exakte Höhe der Stalltür genau anzupassen. Mittlerweile nutzen wir die Vorhänge im 6. Jahr. Sie werden zwar mit der Zeit etwas gelblich und schmutzen auch bei Regen oder Schnee ein, sind aber einfach mit Wasser und Bürste oder Schwamm zu reinigen.

**LAMELLENVORHÄNGE**

Die Lamellenvorhänge halten Schnee, Regen und Wind ab, im Sommer schützen sie vor Stechfliegen. Man kann die einzelnen Teile flexibel ein- und aushängen.

*Rollos am Südfenster*

In Richtung Süden hat unser Offenstall zwei Fenster vor der großen Liegefläche der Pferde. Im Sommer knallte die Sonne direkt auf die Tiere, wenn sie mittags in den Stall kamen, um vor den Insekten zu fliehen. Wir haben daher Bambusrollos an den beiden Stallfenstern angebracht. Damit haben die Pferde einen Sonnen- und Verdunklungsschutz, was weniger Stechplagen anlockt. Eine einfache und günstige Lösung mit großem Effekt.

Die Bambusrollos an den Fenstern über der Liegefläche beschatten auf angenehme Weise.

*Lecksteine*

Handelsübliche Lecksteinhalter haben bereits abgerundete Kanten, so dass du diese gut im Außen- und Innenbereich befestigen kannst. Jedes Anbringen von abstehenden Teilen sollte selbstverständlich nicht gerade in Türbereichen oder an frequentierten Wegen stattfinden. Wir haben innerhalb des Stalls eher „ruhige" Ecken für die Lecksteinhalter gewählt oder hängen die Lecksteine bisweilen ohne Halterung an Karabiner oder in herabhängende Zweige von Bäumen.

Die Auswahl von Lecksteinen ist groß und reicht von Salz- über Mineral- bis zu Bronchial-Zinklecksteinen und vielen weiteren „Geschmacksrichtungen". Darüber hinaus werden Lecksteine oder Leckschalen für diverse Zwecke angeboten, wie z.B. Anti-Fliegen-Lecksteine, bei denen laut Hersteller Öle auf Knoblauchbasis im Salz enthalten sind.

Wie bereits beim Thema Heuexkurs beschrieben wäre es ratsam, den Pferden zusätzlich zum Heu Mineralgaben zu füttern. Dies sollte individuell pro Tier anhand des Alters, der Leistung sowie des Gewichtes gefüttert werden. Lecksteine mit Mineralien oder anderen Inhaltsstoffen werden damit überflüssig, zumal diese oft mit Melasse (Zuckersirup) versetzt werden, um sie für die Pferde attraktiver zu machen. Wenn du gute Mineralien ohne Zuckerzusatz zufütterst, benötigst du demnach nur Salzlecksteine, da Pferde durch Heu oder Kraftfutter kaum ausreichende Salzmengen zu sich nehmen können. Bei Pferden, die hohe Leistungen erbringen (schwitzen) sowie stillenden Stuten mit Fohlen ist der Salzbedarf erhöht. Unserer Beobachtung nach wissen Pferde sehr gut, wann und wieviel Salze sie benötigen. Ist der Bedarf gedeckt, verzichten sie umgehend auf die Aufnahme. Auch dies ist wieder eine Beobachtung bei Offenstallhaltung. Steht dein Pferd 24 Stunden in der Box, kann es auch zu einer Überversorgung von Salzen kommen, da das Lecken und Spielen mit dem Salz oft eher aus Langeweile geschieht.

**LECKSTEINE**

Lecksteinhalter mit Himalayasalz im Offenstall

## Paddocks und Matsch

Paddocks schließen in der Regel an den Offenstall bzw. an Boxen an, um auf diesen den Pferden ganzjährig Auslauf zu ermöglichen. Eins der größten Probleme der Offenstallhaltung ist der Matsch, der meist im Herbst, aber auch in anderen Jahreszeiten auftreten kann. Durch Plätze, an denen gefüttert wird oder die Tränke steht, werden Böden punktuell vermehrt beansprucht. Es entstehen reinste Schlammwüsten, durch die Menschen und Pferde schlecht laufen können. Rutschgefahr besteht und das Abäppeln und Schubkarren fahren werden enorm erschwert. Eins der wichtigsten Themen in ganzjähriger Außenhaltung ist es daher, Maßnahmen zu ergreifen, um dieses Problem wortwörtlich in „trockene Tücher" zu legen. Wir haben diesbezüglich bereits zu Beginn Lösungen gesucht, was sich im weiteren Verlauf als gute Grundlage erwiesen hat. Da unser Stall auf Lehmboden steht, betrifft dies auch den angrenzenden Paddock sowie das Weideland. Nasser Lehm ist so rutschig, dass es nicht viel braucht, um sich auf den Allerwertesten zu legen. Daher war uns klar, wir benötigen Flächen, die trocken gelegt werden und auf denen wir und die Pferde bei jeder Witterung sicher laufen können.

Unseren Paddock vor dem Stall haben wir mithilfe einer Firma mit Sand, Schotter und Recyclingmaterialien auffüllen lassen, um dort Paddockplatten zu platzieren und diese dann im Abschluss mit Sand zu belegen. Diese Arbeit war aufwändig, da es sich um einen kleinen Hügel handelte, der von beiden Seiten sicher begehbar werden sollte. Da wir dafür nicht die Maschinen und Manpower hatten, beauftragten wir damit ein Unternehmen.

**PADDOCK**

**Vorher**

Abriss altes Hühnerhaus, Sortieren der Materialien zur Entsorgung

**Nachher**

Nach dem Abriss Auffüllen mit Recyclingschotter und Kies

**PADDOCK**

**Vorher**

Das alte Fundament wurde zerkleinert und zum Verfüllen wieder verwendet.

**Nachher**

Auf dem aufgefüllten und glattgezogenen Untergrund wurden die Paddockplatten verlegt.

**PADDOCK**

**Vorher**

Glätten und Ebnen des Bodens, Integration Wasserabfluss über Regenrinne

**Nachher**

Zum Schluss Auffüllen der Paddockplatten mit Sand

**PADDOCK**

**Vorher**

Abriss des maroden Gebäudes und Führung in eine neue Nutzung

**Nachher**

Vor dem Offenstall entstand ein Paddock mit stabilem Unterbau, der Weitsicht bietet.

**PADDOCK**

**Nachher**

Fertiger Paddock mit zwei offenen Wegen, ganzjährige Begehbarkeit ohne Matsch

**Nachher**

Sommer                                     Winter

Da unser gesamter Paddock aus weiterer Wiesenfläche bestand, haben wir zuerst einen langen Weg aus Paddockplatten direkt auf die angrenzende Wiesenfläche gelegt, der vom Stall bis zu unserem Misthaufen reichte. Damit war für uns sichergestellt, dass wir bei jedem Wetter zwischen Stall und Mistwagen bzw. Misthaufen laufen und mit der Schubkarre fahren können und natürlich auch die Pferde diesen Weg matschfrei laufen können.

Im letzten Schritt haben wir vor dem Offenstall um das Heunetz herum nochmals eine Fläche von ca. 25 m² geebnet und mit Paddockplatten verlegt. Mit diesem Untergrund sind wir nun mittlerweile fast sechs Jahre lang gut durch die matschreichen Zeiten gekommen. Ab und an füllen wir frischen Sand über den Paddockplatten auf. Dabei belassen wir meist einen Sandhügel für die Pferde auf dem Paddock, die sich darin gerne wälzen, spielen oder schlafen.

**PADDOCK**

Befestigung Bereich um den Heufressplatz mit Paddockplatten und Sand

**PADDOCK**

Hinter dem Stall ist der Paddock hügelig. Der Sandhaufen lädt zum Spielen und Wälzen ein.

Wenn du planst, deine Pferde ganzjährig selbst zu halten, solltest du dich mit dem Thema „Befestigter Untergrund" befassen. Es kostet sehr viel Zeit, Schweiß und möglicherweise auch Frust, wenn du ständig mit der Schubkarre hängen bleibst, oder dein Pferd durch permanentes Stehen im Matsch Probleme an den Hufen bekommt. Vorbeugung ist hier wieder der beste Ratgeber.

Abschließend noch ein Wort zu unserem ursprünglichen Vorhaben, dem Anlegen eines Paddocktrails rund um die Wiesenflächen als ganzjährig begehbarer Weg für die Pferde, der jederzeit matschfreien und ausreichenden Auslauf gewähren sollte. Dass am Ende unserer Wiesen ein Bach entlangführt, sahen wir beim Kauf unseres Objektes eigentlich als positiv an. So war davon auszugehen, dass jederzeit Wasser für die Pferde verfügbar ist und wir hatten auch die Idee, mit den Pferden ins ebene Wasser zu gehen.

Leider wurden wir hier eines Besseren belehrt. Das kleine Bächlein wird nämlich zum reißenden Fluss während anhaltender Regenzeiten und in der Schneeschmelze. Der Bach wurde vor einigen Jahren „begradigt", verschmälert und aus seinem ursprünglichen Flussbett umgeleitet. Dies hat zur Folge, dass mehrfach im Jahr alle am Bach liegenden Wiesen überfluten. In der extremsten Situation war es schon so weit, dass bei umliegenden Nachbarn Keller vollliefen. Da wir das Glück haben, dass unser Wohnhaus und Stall am höchsten Punkt stehen, wurden wir davon glücklicherweise verschont. Allerdings mussten wir mit dieser Tatsache auch unseren Traum vom Paddocktrail rund um die gesamte Weide begraben. Auf dem folgenden Bild veranschaulichen wir die Lage auf unserer Weide nach Hochwasser.

Überflutung der Wiesen nach massiven Regenfällen

Sicherlich wird es dir auch so gehen, dass durch bestimmte Umstände Anpassungen an deine Planungen erfolgen müssen. Wichtig ist dabei, dass man flexibel und offen bleibt und Pferde- und Menschenwohl im Auge behält. Wir haben daher letztlich einen Paddock angelegt, der am weitesten entfernt des Baches ist und in einer halbrunden U-Form um Stall, Haus und Garagen verläuft. Der gesamte Paddock misst ca. 1.100 m². Auf diesem haben die Pferde ganzjährig die Möglichkeit der freien Bewegung, auch im Trab und Galopp.

**PADDOCK**

Der Paddock ist durch die Befestigung ganzjährig für
freie Bewegung im Schritt, Trab und Galopp nutzbar.

Wiesen, Weideland

Wir haben direkt am Haus etwas über 4000 m² Wiese für unsere Pferde. Das ist zwar nicht sehr viel, aber für zwei bis drei Pferde eine gute Ausgangslage. Dazu haben wir ca. 1,5 Hektar Pachtwiesen, die wir im Sommer nutzen und die in 200-400 m für uns erreichbar sind. Je nach Witterung und Wachstum benötigen wir meist nicht die gesamte Fläche zum Abweiden und nutzen daher meist einen Teil zum Heu machen.

*Bodenproben*

Vor unserem Einzug wurde unsere Wiesenfläche sowie die gesamten umliegenden Wiesen durch einen Landwirt mit Milchviehhaltung genutzt. Durch die vorherige Beweidung von

Rindern und Kühen waren jede Menge Kuhfladen auf unseren Wiesen, die wir – vor dem Einzug der Pferde - in jeder freien Minute akribisch absammelten. Weiterhin wurde mehrfach im Jahr extensiv auf unseren Flächen sowie allen umliegenden Wiesen tierische Rindergülle aufgebracht.

Von den umliegenden älteren Einwohnern dieses Ortes wurde uns weiterhin berichtet, dass in früheren Zeiten in diesem Gebiet Erz abgebaut wurde. Daher gingen wir davon aus, dass die Bodenqualität wahrscheinlich nicht optimal sein wird und haben eine Bodenanalyse in Auftrag gegeben, bevor die Pferde ankamen. Dabei sticht man aus unterschiedlichen Stellen der Wiese mehrere Proben heraus und sendet diese dann gesammelt an ein Labor. Aus dieser Analyse erhält man das Ergebnis der Hauptnährstoffe und Spurenelemente in dem Weideland sowie ergänzend dazu Erläuterungen und individuelle Düngungsempfehlungen. In unserem Fall war das Ergebnis besser als erwartet. Außer einem leicht erhöhten ph-Wert war der Nährstoff- und Spurenelementebefund insgesamt zwar nicht optimal, aber durch gezielte Maßnahmen relativ einfach in Normalbereiche zurückzuführen.

Wahrscheinlich stehen viele Stallbetreiber zu Beginn vor der gleichen Situation, der Übernahme von Flächen aus der professionellen Landwirtschaft. Da man meist keine Kenntnis davon hat, auf welche Art Wiesen- oder Ackerland genutzt wurden, wie oft und mit was gedüngt wurde etc., empfiehlt sich grundsätzlich das Durchführen einer Bodenprobe zum Wohl der Tiere.

*Giftpflanzen*

Da die Verbreitung von Jakobskreuzkraut und anderen für Pferde giftigen Pflanzen zugenommen hat, solltest du dich auch mit diesem Thema befassen, bevor du deine Pferde auf neues Wiesenland stellst. Die giftigen Stoffe z.B. im Jakobskreuzkraut sowie bei den Herbstzeitlosen, verlieren auch im getrockneten Zustand ihre Toxizität nicht. Daher ist dieses Thema auch beim Heukauf sowie der Heufütterung sehr wichtig.

Die Ausbreitung giftiger Pflanzen scheint in den letzten ca. 20 Jahren stark zugenommen zu haben, was mit vielen Faktoren zusammenhängen kann: dem Klimawandel und damit sehr trockenen Sommern, stark abgefressenen Pferdekoppeln oder auch extensiver landwirtschaftlicher Nutzung. Jakobskreuzkraut ist äußerst genügsam, wächst gerne an sehr trockenen Stellen und breitet sich schnell aus. Herbstzeitlose als ebenfalls für Pferde hochgiftige Pflanze bevorzugt eher feuchte Wiesen oder Böschungen und man findet sie auch an sonnigen oder halbschattigen Stellen. Getrocknete Herbstzeitlose befinden sich häufig in Bio-Heu. Durch das späte Mähen und Pressen sind oft Samenkapseln mit abgemäht, die auch getrocknet noch toxisch sind.

Weitere häufig vorkommenden Giftpflanzen sind z.B. Hahnenfuß (im Volksmund auch Butterblume genannt), Eibe, Goldregen, Bergahorn etc.

Pferde machen meist aus ihrem Instinkt heraus um die für sie ungenießbaren Pflanzen einen Bogen und fressen diese nicht, da Gifte oft mit Bitterstoffen einhergehen, die wahrscheinlich nicht gut schmecken. Allerdings sollte man sich nicht nur darauf verlassen, weil sich beim Trocknungsprozess sowie mit dem Alter der Pflanze der Geschmack ändern kann. Da wir oft mit verhältnismäßig kleinen Flächen arbeiten, kann natürlich auch Langeweile die Ursache sein Pflanzen anzufressen oder zu zerbeißen, wenn das übrige Gras bereits abgefressen wurde.

Daher ist die beste Lösung, die Pferdewiesen abzulaufen, Giftpflanzen auszustechen oder auszureißen und keine Risiken einzugehen. Mittlerweile gibt es auch gute Apps für Pflanzenbestimmungen, die wir gerne nutzen, wenn wir uns unsicher sind. Sie dienen uns zur Bestätigung beim Identifizieren einer Giftpflanze.

Wir haben eine Wiese, in der wir letztes Jahr zwei Ecken mit Jakobskreuzkraut ausfindig gemacht haben. Zwar hinter der Zaunlitze, aber die Pflanzen waren dennoch in Erreichbarkeit der Pferde. Vergangenes Jahr dachten wir, dass wir alle Triebe entfernt hatten und haben die ausgemachten Pflanzen sogar verbrannt, damit sie nicht mehr aussamen. In diesem Jahr fanden wir im Juni/Juli an den gleichen Stellen bereits wieder neuen Bewuchs. Auch am

Thema eines pferdegerechten Wiesenbewuchses sollte man arbeiten und Zeit dafür einplanen, damit man diese Gefahren im Vorfeld bannt.

*Zäune und Strom*

Natürlich musst du deine Wiesen, Paddocks und alle Bereiche, in denen sich die Pferde aufhalten einzäunen. Es gibt auch Flächen, die man nicht einzäunen darf oder in denen nur ein einzelner gespannter Draht mit flexiblen Pfählen erlaubt ist. In Außenbereichen darf aus Gründen des Wildwechsels meist gar nicht eingezäunt werden. Auch hier kannst du dich wieder an das Bauamt wenden, wenn du unsicher bist. Bei Wiesen im Innenbereich eines Ortes und angrenzend an die Bebauung ist die Einzäunung in der Regel ohne behördliche Genehmigung gestattet. Dies war in unserem Fall demnach möglich, da Haus, Stall und Wiesen innerhalb des Ortes liegen. Trotzdem haben wir unser Vorhaben mit dem Nachbarn besprochen, da dies für uns als Grundlage eines guten „Nebeneinanders" wichtig war. Das hatte auch gleich den Vorteil, dass wir uns auf diesem Wege offiziell bekannt machen konnten.

Für die Einzäunung ist ca. 3-4 cm hohe Weidezaunlitze in weiß zu empfehlen, da die Pferde diese gut wahrnehmen und man von einer ausreichenden Leitfähigkeit des Stroms ausgehen kann. Bei Weideband gibt es große Qualitäts- und Preisunterschiede, je nachdem wie viele Edelstahlleiter im Band eingearbeitet sind. Bei einer Höhe des Bandes von 4 cm ist es empfehlenswert, dass 4-5 Edelstahlleiter integriert sind. Dazu passende Weidezaunpfähle, Isolatoren, Griffe und Zaunverbinder sowie ein Massestab mit Erdkabel bilden die Grundlage für Einzäunungen.

Da wir zu Beginn unter Zeitdruck standen, haben wir nur in den Ecken sowie an den Stellen der Ein- und Ausgänge Pfosten aus Holz oder Metall gesetzt. Diese geben dem Zaun Halt und Stabilität. Alle anderen Weidezaunpfähle aus Kunststoff wurden in ca. 3 Meter Abstand dazwischengesetzt. Zum Einschlagen von den Holzpfosten haben wir uns eine Handramme angeschafft. Wenn man einen Traktor zur Verfügung hat, geht das Bohren der Löcher auf maschinellem Wege natürlich sehr viel einfacher.

Die Zäune kontrollieren wir kontinuierlich, damit kein Kurzschluss entsteht, der den Stromfluss unterbricht. Hohes Gras, Äste, Hecken etc. werden daher regelmäßig am Zaunverlauf gekürzt. Wir haben hier oft leichte bis mittelschwere Stürme, die Unrat, Äste und manchmal sogar ganze Bäume umwehen. Daher kann diese Aufgabe unter Umständen viel Zeit in Anspruch nehmen.

**ZÄUNE**

Doppelte Zäune mit zwei 4 cm breiten Litzen, die sich auch für „Flugversuche" eignen

*Wasserloch, Schwemme*

Auf einer unserer Wiesen haben wir eine kleine Wasserschwemme für die Pferde gebaut. Da wir für unseren Paddock einen Erdaushub benötigten, wurde auf der Wiese ein Stück abgetragen und am Paddock aufgefüllt. Bei dem dadurch entstandenen Loch kam uns die Idee mit dem Wasserloch. So erhalten die Hufe Feuchtigkeit und die Pferde haben eine Art „Schlammloch", in dem sie sich im Sommer bei Bedarf wälzen oder hineinlegen können. Die Wasserhöhe ist niedrig, so dass die Hürde hineinzugehen klein ist. Leider sind unsere Pferde durchweg eher „wasserscheu", so dass sie meist nur aus dem Loch trinken oder sich mit unserer Unterstützung überreden lassen, einmal durchzugehen.

**SCHWEMME**

Ausgegrabenes Loch mit Teichfolie ausgelegt

Teichfolie eingegraben, Boden mit feinen Kieseln belegt zur Verhinderung von Rutschgefahr

...mit etwas Überzeugungsarbeit

# Verletzungsgefahr

Verletzungsprophylaxen sind einfache, aber sehr effektive Themen in deinem neuen Stall. Wenn du mit offenen Augen durch Stall, Paddocks, Anbindebereiche etc. gehst, wirst du wahrscheinlich abstehende Nägel und Schrauben, Unrat, scharfe Kanten und vieles mehr finden, was entsorgt oder entschärft werden sollte, bevor die Pferde einziehen. Wir Pferdehalter übernehmen oft Grundstücke, Gebäude oder Ställe, die voller Unrat sind. Daher ist die Wahrscheinlichkeit groß, dass man Dinge findet, die nicht in den Bereich von Pferden gehören.

Was die Gefahr von Verletzungen angeht, bin ich sehr sensibilisiert. Ich habe bereits viele Situationen erlebt, die vermeidbar gewesen wären. Natürlich ist man hinterher immer schlauer und manches kann man nicht voraussehen. Wenn wir uns bewusst machen, dass der Leidtragende letztlich immer das Pferd ist, werden wir sicherlich achtsamer, was dieses Thema angeht. Verletzungen, Infektionen, schlechtheilende Wunden, evtl. Boxenruhe aufgrund der Verletzungsprobleme oder Trennung von der Herde können einige Schadensfolgen sein. Damit ist nicht gemeint, dass wir alle Situationen verhindern können. Aber wir sollten das Mögliche umsetzen, um ein Verletzungsrisiko weitgehend zu minimieren.

Wie bereits zu Anfang geschildert, haben wir eine Maschinenhalle zum Offenstall umgebaut. So, wie wir die Halle vorgefunden haben, war sie insgesamt stabil und hell durch große Fenster. Diese bestanden witzigerweise aus Aufzugstüren, die in der Mitte mit schwerem Glas versehen waren. Leider waren einige Scheiben in sich gebrochen oder gesplittert. Trotzdem haben wir versucht, diesen Einbau zu erhalten und haben eine Lattenkonstruktion darüber angebracht, so dass die Pferde das Glas nicht erreichen können.

Was das Thema Unrat und Abfall im Außenbereich rund um den Stall betrifft, schien es in unserer Region üblich, kleingeschlagene Kacheln, Aushub mit Steinen, Betonstücken etc. zur Befestigung der Wege und Wiesen auf den Böden zu verteilen. Ich habe daher Stunden verbracht, den Paddockboden sowie meinen späteren Longierzirkel abzulesen und habe eimerweise Unrat entsorgt. Neben harmlosen Kieseln, Plastik und Rohrstücken habe ich auch scharfkantige Metallstücke und Glasscherben gefunden, die im Pferdehuf schwere Verletzungen anrichten können.

Um Verletzungen im Innen- und Außenbereich möglichst zu vermeiden, möchte ich dir ganz praktisch ein paar Beispiele zeigen. Sie sind einfach umzusetzen und kosten wenig:

**VERLETZUNGSPROPHYLAXEN**

Gummikappen auf herausstehenden
Schraubenenden als Verletzungsschutz

Stabiles Festschrauben des Anbindebalkens,
der Heunetze etc., um zu vermeiden, dass diese
abgerissen werden oder Teile herausstehen.

## VERLETZUNGSPROPHYLAXEN

Abschleifen scharfer Kanten an den
Einfassungen der Liegeflächen

Holzverkleidungen über unebenen oder
scharfkantigen Flächen, Rohren und Leitungen.

Kabelschächte, Steckdosen und Schalter
außerhalb der Reichweite der Pferde

Scharfkantige Ecken im Stall mit ausgedientem
Feuerwehrschlauch ummantelt (den man
umsonst bei der Feuerwehr bekommen kann)

**VERLETZUNGSPROPHYLAXEN**

Befestigung der Paddocks mit Schotteruntergrund, Paddockplatten und Sand zur Vermeidung der Rutschgefahr.

Gummimatten auf dem Brett zum Mistanhänger zur Rutsch- und Verletzungsprophylaxe der Abäppler

Zwei Ein- und Ausgangstüren, so dass ein rangniedrigeres Tier immer ausweichen kann. Lattenkonstruktion über den Fenstern, so dass die Pferde keinen Kontakt zum Glas haben.

# Mistentsorgung

Am Ende des Umsetzungsprozesses steht das Thema Pferdemist. Nachdem ich uns als „Abäppler" bezeichnet habe, setzen wir diese Tätigkeit natürlich auch in die Praxis um. Wir äppeln täglich mehrfach alle Bereiche, in denen die Pferde laufen komplett ab. Das bezieht sich nicht nur auf den Offenstall, sondern auch auf den Paddock sowie die Wiesen. Im Sommer auch auf die Außenwiesen, zu denen wir die Pferde führen und wieder zurückbringen. Natürlich ist das ein hoher Arbeitsaufwand, aber er lohnt sich. Über die Zeit gesehen, geschieht auf diesem Weg eine kontinuierliche Weidepflege und für die Pferde die Verringerung bzw. Vermeidung der Aufnahme von Würmern und Wurmeiern. Bei der tierärztlichen Untersuchung der Pferdeäpfel wurden im vergangenen Jahr weder Wurmlarven noch Wurmeier bei unseren Pferden festgestellt, obwohl wir in diesem Jahr keine chemische Wurmkur durchgeführt haben. Wir haben den Pferden lediglich Wurmkräuter zugefüttert, die zum Ziel haben, das Milieu des Darmes zu stabilisieren und widerstandsfähig zu halten. Ergänzen möchte ich, dass wir in unserer Region keine Dassellarveneier an den Beinen der Pferde feststellen konnten. Damit ist ein Dassellarvenbefall fast gänzlich ausgeschlossen.

Da wir Befürworter des selektiven Entwurmens sind, beobachten wir einen möglichen Befall einmal durch eigenes tägliches Inspizieren von Struktur, Geruch und Zusammensetzung der abgesammelten Pferdeäpfel. Weiterhin reichen wir mehrfach im Jahr Kot von allen Pferden zur tierärztlichen Untersuchung ein, so dass wir bei auftretendem Befall direkt gezielt entwurmen können.

Zu Beginn haben wir in unserem eigenen Stall einen Misthaufen auf einem gepflasterten Teil abgegrenzt und unsere Pferdeäpfel sowie nasse Einstreu dort gelagert. Um die Umwandlung in Humus zu fördern, haben wir zusätzlich Kompostwürmer in den Misthaufen gesetzt. Da dieser Prozess der Umwandlung länger dauerte als unser Misthaufen wuchs und die Fläche hergab, haben wir das Thema der Mistentsorgung nochmals angepasst, indem wir einen Anhänger für den Mist angeschafft haben.

Weiterhin trat im Jahr 2020 eine neue Düngeverordnung in Kraft, die sich auch auf die Anforderungen für private und gewerbliche Pferdehalter auswirkt. Diese fordert für Pferdehaltung eine sichere Mistlagerung. Das bedeutet, der Mist muss so gelagert werden, dass kein Sickersaft auslaufen kann. Am besten ist es demnach, Mist auf einer wasserundurchlässigen Betonplatte zu lagern. Alternativ kann man den Mist durch professionelle Dienstleister abholen lassen. Die stellen dir Container zur Verfügung, die voll wieder abgeholt und entsorgt werden. Das stellt eine bequeme und nachhaltige Lösung dar, auch wenn diese natürlich mit höheren Kosten verbunden sein kann.

Wir haben uns dafür entschieden einen Anhänger zu nutzen, auf den wir den Mist mittels Schubkarren fahren. Den kann man bei Regen abdecken um zu verhindern, dass Flüssigkeit abläuft. Eine solche Option ist durch die neue Düngeverordnung ebenfalls gegeben. Wir nehmen ca. einmal pro Woche nasse Stellen aus den Liegeplätzen und streuen diese nach. Da das immer mehrere Schubkarren nasse Einstreu bedeutet, organisieren wir dies meist so, dass direkt danach der Mistanhänger abgeholt wird. Wir sind hier in der glücklichen Lage, dass es eine sehr große landwirtschaftliche Mistentsorgung gibt, die gemeinsam von Pferde- und Milchviehhaltern genutzt wird. Auf der dürfen alle ihren Mist entsorgen. Teilweise wird der Mist auch – je nach Jahreszeit und Witterung - als Dünger auf Böden aufgebracht.

Neben einer qualitätsvollen Fütterung stellt eine gute Stall- und Weidehygiene einen weiteren Baustein für die Gesundheit deiner Pferde dar. Daher sollte auch dieser Punkt in dein Gesamtkonzept aufgenommen und als „Zeitfresser" berücksichtigt werden.

**MISTENTSORGUNG**

Mistabladen unter „Aufsicht"

Checkbox Umsetzung

| | |
|---|---|
| Sind alle Voraussetzungen für Pferdehaltung vorhanden: Gebäude, Auslauf, Weideland etc.? | ☐ |
| Entscheidung welche Haltungsform umgesetzt werden soll: Offenstall, Boxen, Paddocktrail, Aktivstall etc. | ☐ |
| Planung artgerechter Ein- und Ausgänge, Wetterschutz vorhanden, ggf. zusätzlich Lamellenvorhänge. Alternativ verschließbare Türen / Tore | ☐ |
| Möglichkeit flexibler Abtrennungen im (Offen-)Stall, z.B. bei Krankheit oder Integration neuer Pferde | ☐ |
| Integration einer Stallgasse und stabile Anbindevorrichtung möglich? | ☐ |
| Ausreichend großes Heu- und Einstreulager, gute Belüftung und Wetterschutz | ☐ |
| Einrichtung Sattel- und Futterkammer machbar? | ☐ |
| Welche und wieviele Pferde werden einziehen, gleichgeschlechtliche oder gemischte Herde? | ☐ |
| Größe der Liegeflächen innen und außen für die gesamte Herde ausreichend? | ☐ |
| Innen- und Außenausstattung pferdegerecht und stabil konzipiert?<br>- Heu- und Kraftfutterplätze sowie Wasserangebot vorhanden?<br>- Licht und Strom verfügbar?<br>- Verletzungsprophylaxen beachtet? | ☐ |

| | |
|---|---|
| Ganzjahrespaddock in ausreichender Größe mit Befestigung geplant? <br> Matschprophylaxen, Unrat entsorgt, Heufütterungsplätze etc.? | ☐ |
| Ausreichend Wiesen- und Weideland vorhanden? <br> Ggf. Bodenproben entnehmen, Düngung klären, Einzäunen, gesicherter <br> Stromkreislauf, Giftpflanzenfreiheit | ☐ |
| Mistentsorgung nach bestehender Düngeverordnung geplant? <br> Anlegen eigener Misthaufen oder Nutzung bestehender Entsorgung möglich? | ☐ |
| Zusätzliche Ausstattung geplant und sinnvoll? <br> Kameras, Verdunklungsmöglichkeiten, Kratzhilfen, Lecksteine etc. | ☐ |

## IV. Einzug der Pferde

Der alte Stall wurde gekündigt, du hast dich traurig, fröhlich oder mit einem lachenden und einem weinenden Auge verabschiedet und nun geht das Abenteuer los. In unserem Fall hatten wir seit mehreren Monaten renoviert und Grundlagen für den Pferdeeinzug geschaffen. Dabei hatten wir immer unsere Pferde im Sinn und die Frage, wie sie den neuen Stall sowie das Außengelände annehmen werden.

### Ankommen

Zur Übersiedelung hatten wir einen professionellen Pferdetransport bestellt, der unsere Pferde ins neue Zuhause brachte. Der Umzug fand im September statt und es war einer der heißesten Septembertage, an die ich mich je erinnern kann. Obwohl die Strecke nur etwas über 100 km lang war und ca. zwei Stunden dauerte, kamen beide völlig nass geschwitzt im neuen Zuhause an. Nach dem Ausladen brachten wir sie durch den Hof in ihren neuen Stall. Da sie zuvor bereits auf Leinstroh gestanden hatten, war ihnen der Geruch der Einstreu bekannt. Beide wälzten sich ausgiebig im Stall, tranken etwas Wasser und liefen dann direkt auf die Weide, um alles zu erkunden, sich nochmals ausgiebig im Gras zu wälzen und dann zu fressen. Es war geschafft. Keine Aufregung mehr, kein Wiehern, sondern ein ruhiges Betrachten der Lage, Beäugen der vielen Kühe auf den Nachbarswiesen sowie dem Sammeln der neuen Eindrücke.

### Fütterung

Die Fütterung der Pferde stellt neben dem Misten für uns die Grundlage für die Tagesstruktur der Tiere dar. Wir können Zeiten, Abläufe und Ruhephasen selbst gestalten und benötigen pro Tag ca. 2-3 Stunden für die Versorgung der drei Pferde. Dazu gehört

Kraftfutter richten und füttern, Heu aufschütteln, Wässern und Füttern, Wasser auffüllen, Abäppeln und Mist entsorgen, Zaunkontrolle und individuelle Zeit für Unvorhergesehenes.

Durch das gesamte Jahr hindurch findet bei uns eine Grundlagenfütterung mit Heu statt. Im Sommer wird natürlich durch den zusätzlichen Weidegang weniger gefressen und Heu unattraktiver, aber die Pferde können bei Bedarf Zugriff auf Heu nehmen. Ein Weidegang von 24 Stunden findet bei uns nicht statt. Aufgrund gesundheitlicher Vorbeugung begrenzen wir den Weidegang zeitlich, indem wir Pausen einbauen, um Hufrehe oder andere Stoffwechselerkrankungen sowie Magen-Darm-Probleme bei unserem Seniorpferd zu vermeiden. Wir konnten aber nach einer gewissen Dauer beobachten, dass die Pferde selbstständig Pausen einlegten und wir fast gar nicht mehr dafür sorgen mussten. Unsere Pferde fressen in der warmen Jahreszeiten während einer Zeitspanne ca. 2-3 Stunden, in denen sie fast kontinuierlich Gras zu sich nehmen und ihre Köpfe senken. Nach dieser Zeit gehen sie meist freiwillig in ihren Offenstall, um zu ruhen und den Stechfliegen zu entkommen. Je nachdem, welche Art Fliegen/Bremsen unterwegs sind und wie die Witterung ist, finden sie mit der Zeit ihren ureigenen Rhythmus, indem sie selbst Pausen machen, in denen sie schlafen oder dösen, trinken, sich wälzen etc. Dies kann man aber erst nach einer Weile des Beobachtens wahrnehmen und wir können abwägen, ob wir den Rhythmus den Pferden überlassen oder die Zeiten selbst regeln. Meist geht es ineinander über. Wir nehmen jedoch wahr, dass Pferde sehr gut wissen, was ihnen guttut und was sie benötigen oder ablehnen.

Meiner Beobachtung nach entwickeln Pferde, die zu sehr in der Aufnahme von Gras beschränkt werden eine enorme Fressgier, da sie gelernt haben, dass sie nur eine begrenzte Zeit zur Futteraufnahme haben. Man kann sehen, dass sie viel schneller und hastiger fressen als ihre Herdenmitglieder ohne Weidebegrenzung. Auch Pferde, die mit Fressbremsen (Maulkörbe) versehen werden haben oft diese Angewohnheiten, wenn sie stundenweise ohne diese Zwangsmaßnahme fressen dürfen. Ähnliches kann man auch bei zeitgesteuerten Heuraufen beobachten, die um bestimmte Zeiten geöffnet und geschlossen werden. Die

Pferde verstehen sehr schnell, dass die Fresszeit begrenzt ist und damit ist zum einen der Futterneid riesig und es herrscht meist viel Unruhe. Zum anderen fressen diese Pferde viel hastiger, denn sie wissen, dass der „Kiosk" bald wieder schließt. Für rangniedrige Pferde bedeuten zeitgesteuerte Systeme oft, dass sie kaum ihre Grundbedürfnisse beim Fressen decken können. Wenn es um geschwächte, kranke oder alte Tiere geht wird das fatal. Fressen sollte für alle Herdenmitglieder in Ruhe geschehen und das kannst du in deinem eigenen Stall nun selbst organisieren, so, dass alle Tiere in positiver Weise eingebunden werden.

Fressbremsen wie Maulkörbe und kleinmaschige Heunetze würde ich aus jedem Stall verbannen, denn beide schaden den Zähnen der Pferde auf Dauer. Fressbremsen können außerdem Scheuerstellen verursachen und erschweren die Futteraufnahme von zu kurzem oder zu langem Gras sowie die Wasseraufnahme. Weiterhin stören sie das Sozialverhalten der Pferde, da keine gemeinsame Fellpflege stattfinden kann. Sicher entsteht auch bei vielen Pferden Frust, der sich ungünstig auf das Herdenverhalten auswirken kann. Für mich ist schon das Beobachten von Pferden, die tapfer mit Maulkorb auf der Wiese laufen, unangenehm. Es würde mir nicht in den Sinn kommen, einem meiner Pferde so etwas anzutun. Die zeitliche Einschränkung des Weidegangs ist aus meiner Sicht eine weit bessere Alternative, wenn man die Notwendigkeit von Futterbegrenzungen sieht.

Die Fütterung unserer Pferde besteht grundsätzlich täglich aus Heu, während der Sommermonate dazu aus Gras über Weidegang, Kraftfutter aus jeweils etwas gewalztem Hafer sowie ungezuckertem, natürlichem Mineralfutter. Unser Seniorpferd bekommt, insbesondere in der kalten Jahreszeit Heucobs und Esparsette zum Heu dazu, um sicherzustellen, dass es sein Gewicht hält.

Wir haben Futterplätze im Stall und im Außenbereich hatten wir ein Heunetz, was wir mittlerweile durch eine Heukiste ersetzt haben. Im Stall füttern wir das Heu auf dem Boden und haben dazu drei Plätze, die sich außerhalb der Schlafplätze befinden. Das ist in manchen Zeiten zwar arbeitsintensiv, da bei nasser Witterung viel zu säubern ist, aber die Fresshaltung ist am natürlichsten vom Boden aus. Mit der Heukiste im Außenbereich haben wir vier Heustellen, so dass sich die drei Pferde zum Fressen verteilen können. Das bewährte sich, als wir ein neues Pferd bekamen und zunächst mehr Gerangel im Offenstall stattfand, bis sich alle „sortiert" hatten. Wichtig in solchen Situationen ist, dass die einzelnen Fressplätze gut gefüllt sind, so dass kein Futterneid entsteht.

Die Kraftfuttergaben erfolgen über Müslischalen, die jedes Pferd für diesen Zweck an eine bestimmte Stelle auf den Boden gestellt bekommt. Alle Pferde haben einen festen Platz zur Kraftfuttaufnahme. Das brauchte nur wenige Zeit der Übung bis jedes Pferd wusste, an welchem Platz es sein Futter bekommt. Wenn das klar ist, gibt es weder Gerangel noch Gerenne während der Kraftfuttergaben. Wir versuchen die Fütterungssituation immer mit Ruhe zu gestalten, was die Pferde sehr schnell verinnerlichen. In der Regel sortieren sie sich selbst und jeder geht bereits freiwillig an seinen Platz, wenn wir mit den Schüsseln auftauchen.

Im Fellwechsel füttern wir auch 1-2 Esslöffel ganze gereinigte Sonnenblumenkerne mit Schale pro Pferd zum Kraftfutter hinzu. Sonnenblumenkerne als Ölsamen enthalten ungesättigte Fettsäuren und viele Mineralien und Vitamine, die den Pferden den Fellwechsel erleichtern können. Bei uns stellt dies jedoch keine dauerhafte Ergänzung dar, sondern wird als Kur für ca. 3 Wochen hinzugefüttert.

*Optionale Zusatzfütterung*

Zusätzlich zur täglichen Fütterung, wie vorher beschrieben, gibt es weitere Möglichkeiten den Pferden Gutes zu tun, was man auch mit Spaß, Beschäftigung und Herdenzusammenhalt verbinden kann. Wir füttern im Frühjahr und Herbst beispielsweise **Zweige und Äste** zur Ergänzung. Diese werden auf dem Paddock ausgelegt und sehr gerne gefressen, gekaut, oder gemeinsam herumgetragen. Je nach Verfügbarkeit eignen sich Triebe von Obstbäumen, Haselnuss, Linde, Birke oder Weide.

Neben Zweigen kann man auch selbst sogenanntes **Laubheu** herstellen. Damit sind getrocknete Laubbaumäste gemeint. Man schneidet dazu Linden- Birken- oder Weidentriebe ab und lässt diese trocknen. Damit kann man bereits im Frühjahr beginnen. Im Sommer nimmt man dazu noch blühende Gräser wie Jasmin, Fenchel, Kamille etc. Alles sollte gut in der Sonne getrocknet werden. Übrig bleiben zwar nur kleine Trockenmengen, aber es sind wahre Leckerbissen an Mineralien und Spurenelementen, die man im Winter in kleinen Mengen zufüttern kann.

Im Sommer und Spätsommer füttern wir neben den Zweigen noch abgemähte **Brennnesseln** hinzu. Diese werden morgens / tagsüber abgemäht und ebenfalls zum Trocknen in die Sonne gelegt. Gegen Abend sind sie dann angetrocknet und werden sehr gerne von unseren Pferden aufgenommen. Die Wirkung von Brennnessel in der Pferdefütterung ist ähnlich wie beim Menschen. Die Inhaltsstoffe wirken entgiftend und harntreibend, haben einen hohen Vitamin C-, Kalium- und Eisengehalt. Wir füttern pro Pferd in der Saison zwei gute Hände voll angewelkte, leicht getrocknete Brennnesseln zum übrigen Futter dazu.

Einige Halter stellen auch **Kräuterkisten** auf als eine Art Hochbeet, aus der die Pferde zupfen können und die mit pferdefreundlichen Kräutern bestückt sind wie Salbei, Lavendel, Thymian, Pfefferminze etc. Wichtig ist, eine Art Gitter über den Pflanzen anzubringen, damit die Pferde die Kräuter nicht samt Wurzel einfach herausreißen. Da Pferde durch die Begrenzung der Weideflächen nicht mehr die Kräuter finden, die sie in bestimmten Situationen benötigen, kann man ihnen so eine Art Kräuterbar anbieten. Da wir das über das Mineralfutter und getrocknete Kräutergaben offerieren, haben wir diese Idee bislang nicht umgesetzt. Grundsätzlich ist das durchaus eine Überlegung wert.


### Ruhen und Schlafen


Unsere Pferde sind sehr robust gegenüber allen möglichen Wettereinflüssen und bleiben selbst bei starken Stürmen mit eisigen Nord-Ostwinden oder plötzlichen Schneeeinbrüchen fast immer ruhig und gelassen. Sie legen sich auch bei kältesten Temperaturen alle nachts zum Schlafen hin, was wir in der Kamera sehen können. In der wärmeren Jahreszeit liegen sie auch oft tagsüber nach dem morgendlichen Fressen auf dem Paddock oder der Weide.

Allerdings liegen Pferde nachts nicht wie Menschen viele Stunden am Stück zum Schlafen, sondern in mehreren Schlafsequenzen, die immer wieder durch Fressen, Laufen oder Dösen im Stehen unterbrochen werden. Wir können durch die Kameras über einen Zeitraum von 24 Stunden die Dauer der Schlaf- und Liegezeiten nachvollziehen. Über das Schlafen von Pferden gibt es mittlerweile Studien, die darauf hinweisen, dass sich viele Pferde kaum oder gar nicht zum Schlafen hinlegen und somit keine Tiefschlafphasen stattfinden. Sie leiden daher unter Symptomen von Schlafmangel, die sich auf vielerlei Arten zeigen können. Nervosität, Unruhe, Apathie, Aggression und in schlimmeren Fällen Narkolepsie (was bedeutet, dass die Pferde so übermüdet sind, dass sie im Stehen zusammenbrechen) können Folgen sein. Die Gründe, warum Pferde sich nicht oder kaum zum Schlafen hinlegen, können vielfältig sein: gesundheitliche Probleme wie Arthrosen, Stress, Unruhe und Rangprobleme in den Herden, unkomfortable Liegeflächen, die zu klein, zu nass oder zu glatt sein können, so dass das Hinlegen vermieden wird. Auch viele Stallwechsel und Fluktuationen, die die Pferde aus dem Gleichgewicht bringen, können ursächlich sein.

All diesen Problemen kannst du vorbeugen, indem du deinen Stall zu einem sicheren Ort für deine Pferde machst mit ausreichend großen Liegeflächen (nach Empfehlung der LAG mindestens zweimal Widerristhöhe ins Quadrat), trockener Einstreu und der Vermeidung von glatten rutschigen Flächen. Denn nur, wenn die Pferde sich sicher fühlen, werden sie sich zum Schlafen hinlegen, was zur Regeneration der Muskulatur und der Organe sehr wichtig ist. Dabei spielt neben der Stall- und Paddockausstattung die Ruhe in der Herde eine große Rolle, was sich vor allem auf das Schlafen rangniedriger Pferde auswirkt.

Kamerabilder von innen, oben tagsüber, darunter nachts

# Und täglich grüßt das Murmeltier

Nun ist dein Leben also ein Ponyhof geworden und deine Vierbeiner wollen täglich versorgt werden. Mir ging es zu Beginn so, dass ich die reine Zeit der Pferdeversorgung total unterschätzt habe. Es ist ein großer Unterschied, ob du Selbstversorger in einem Stall bist, in dem sich andere Personen um die Logistik kümmern, oder ob du selbst für das Nachschubwesen an Futter, Einstreu, Dünger, Saatgut, Zaunmaterial etc. zuständig bist. Eine gute Organisation von all diesen Dingen erleichtert den Alltag. Die externen Faktoren, die dazu kommen wie Wind, Schnee, Sturm oder Hochwasser können wir nicht beeinflussen. Aber es ist wichtig, dass du Vorkehrungen triffst, damit deine Pferde diese Zeiten gut überstehen. Denn mit eigenem Stall und Pferdeversorgung ist man plötzlich abhängig vom Wetter, das deine Stalltätigkeiten durchkreuzen oder in die Länge ziehen kann. Daher wirst du mit einer stabilen, wettergeschützten Stalllösung selbst im Winter ruhig schlafen können, denn du weißt deine Pferde in Sicherheit.

## *Routinen*

Bei der Bodenarbeit oder beim Reiten sollte man nicht immer die gleichen Routinen vom Pferd verlangen. Das kann ausgesprochen eintönig werden. Hier sollte man enden oder pausieren, wenn ein Pferd beispielsweise eine neue Lektion oder Aufgabe gut bewältigt hat, um es damit zu belohnen.

Anders ist es bei der täglichen Versorgung der Pferde. Wir haben festgestellt, dass gleiche Abläufe positiv bei den Pferden aufgenommen werden und ihnen Sicherheit und Ruhe vermitteln. Beim Füttern halten wir uns an bestimmte Uhrzeiten und Abläufe. Die Reihenfolge beim Füttern von Kraftfutter und Heu richtet sich nach der Rangfolge in der Herde, d.h. der Ranghöchste bekommt zuerst sein Futter.

Routinen bei der Pferdeversorgung erzielen viele positive Aspekte bei Menschen und Tieren. Zum einen spart es Zeit und Wege, wenn man Abläufe so organisiert hat, dass man Aufgaben zusammenfasst. Durch die tägliche Regelmäßigkeit können die Tätigkeiten nach einer Weile schneller erledigt werden, da sich die Tiere nach kurzer Zeit auf die Abläufe einstellen und ebenfalls keine unnötigen Wege oder Rangeleien eingehen. Dies beobachtet man auch in der Natur wildlebender Pferde. Zu den meisten Zeiten herrscht Ruhe und Frieden und der überwiegende Teil der Aktivitäten geschieht in ruhigem Tempo. Wilde Herden laufen die meiste Zeit des Tages im Schritt, fressen, dösen, schlafen und sparen ihre Kraft, damit sie bei Gefahr sofort in den Fluchtmodus umschalten können, der blitzartig viel Energie benötigt.

*Arbeitserleichterungen*

Die Tätigkeit der Pferdeversorgung 365 Tage im Jahr erfordert ein hohes Maß an Disziplin, Kraft und Ausdauer. Daher ist es wichtig, sich selbst Arbeitserleichterungen zu verschaffen, damit die Tätigkeiten ökonomisch und einfach ablaufen können. Auch wenn eine andere Person einspringt sollten die einzelnen Arbeitsschritte leicht nachvollziehbar sein, so dass eine rasche Einarbeitung gewährleistet ist. Wie bereits beschrieben haben wir für unsere individuelle Situation folgende Arbeitserleichterungen im täglichen Ablauf, die uns Zeit und Kraft sparen:

| Umgestaltung | Vorteile |
|---|---|
| Ausreichend Lichtquellen und Steckdosen (außerhalb der Reichweite der Pferde) im Innen- und Außenbereich | Einfaches Misten und Füttern in Winter- und Sommermonaten. Kontrolle der Pferde, Tierarzt und Hufpflege in allen Jahreszeiten problemlos |
| Beheizbare Tränken und Rohrbegleitheizung | Über das gesamte Jahr hindurch frostfreies Wasser im Stall. An- und Abschalten der Rohrbegleitheizung über Schalter im Stall |

| Umgestaltung | Vorteile |
|---|---|
| Hochziehen von nassem Heu über elektrischen Flaschenzug | Rückenschonendes Hochziehen von nassem Heu, einfaches Abtrocknen der Heunetze an einem Karabiner am Flaschenzug |
| Befestigte matschfreie Wege und Paddocks | Wege bei Regen, Schnee und Matsch ganzjährig nutzbar. Sicherstellen, dass Mist täglich abgefahren werden kann. |
| Kurze Wege zwischen Stall und Sattelkammer, Heu- und Einstreulager, Anbindeplatz und Notfallschrank | Kurze Wege sparen grundsätzlich Zeit bei der Pferdeversorgung. |

*Mobiles Equipment*

An mobilen Arbeitsgeräten benötigen wir täglich:

- Mistboy (Mistsammler)
- Kleine Rechen (wir nehmen gerne Kinderlaubrechen)
- Schubkarren (elektrisch oder manuell)
- Mistgabel (Bollengabel)
- Heugabel

Die persönliche Ausrüstung besteht aus:

- Arbeitshandschuhen
- Festen Arbeitsschuhen mit Stahlkappen
- Gummistiefeln (im Winter gefüttert)
- Arbeitshosen, Regenhosen zum Überziehen bei Bedarf
- Atmungsaktiven Jacken / Westen warm, leicht oder Regenjacken je nach Wetterlage

## V. Individuelle Lösungen

Das Schöne an deinem eigenen Stall ist nun, dass du selbst entscheiden, Neues entwickeln und für dich und deine Vierbeiner Prioritäten setzen kannst. Oft liegen die Gründe, warum man seine Tiere selbst versorgen möchte in gesundheitlichen Einschränkungen bei den Pferden, die eine bestimmte Haltung oder Therapien bedingen. Dies bekommt man in einer Pensionspferdehaltung meist schlecht oder gar nicht abgedeckt, oder es entstehen enorme Zusatzkosten. Wenn ich in Anzeigen lese, dass in Pensionsbetrieben bereits das tägliche Führen eines Pferdes zur Weide und zurück einen (nicht unerheblichen) Preisaufschlag mit sich bringen kann, steigt dieser wahrscheinlich bei anderen Dienstleistungen (Medikamentengabe, Verbandswechsel) weit höher.

Im eigenen Stall braucht man dafür nur Zeit und die Sachkenntnis, diese Tätigkeit in die täglichen Routinen einzubauen. Dazu möchte ich einige unserer spezifischen Lösungen vorstellen.

### Allergischer Husten durch Staub

Da wir zwei Pferde haben, die auf Heustaub mit Husten reagieren, mussten wir im eigenen Stall Lösungen finden, sie von den Stäuben weitgehend zu befreien. Bei der Heufütterung gibt es dazu die Möglichkeiten, das Heu zu waschen oder zu bedampfen. Beide Lösungen erzielen gute Ergebnisse und man kann fast zusehen, wie der Husten bzw. der Hustenreiz bei vielen Pferden verschwindet. Selbst bei Tieren mit bereits eingeschränkter Atmung oder Dämpfigkeit konnte ich dadurch schon Besserungen beobachten, wenn natürlich auch keine Spontanheilung. Trotzdem wir Heu haben, das nur gering staubt und die Pferde mittlerweile kaum noch husten, füttern wir ganzjährig nasses Heu, um diesem Problem vorzubeugen.

Wir haben beide Methoden in der Praxis getestet, um herauszufinden welcher Weg für uns und die Pferde am vorteilhaftesten ist.

Der Sinn beim Heuwässern ist es, das Pferd von Stäuben im Heu zu befreien bzw. diese zu reduzieren. Weiterhin wird beim Nässen des Heus auch der Zuckergehalt verringert, was für viele Robustrassen vorteilhaft sein kann. Das sollte man bei schwerfuttrigen Pferden allerdings auch beachten.

Wir haben täglich 2-3 Heunetze im Umlauf, die wir bis an den Rand mit aufgeschütteltem Heu füllen. Anschließend werden diese verknotet und mit dem Netz in eine große Tonne mit Wasser gesteckt, so tief, dass das gesamte Netz mit Wasser bedeckt ist und von allen Seiten nass wird. Wir belassen das Heu ca. 15 Minuten im Wasser und ziehen es anschließend mit einem elektrischen Seilzug auf rückenschonende Weise wieder hoch. Die Abtropfzeit des nassen Heus beträgt ca. 1-2 Stunden. Das heißt, man muss jeweils die nächste Fütterung schon vorbereiten, damit man zur Fütterungszeit ausreichend nasses Heu zur Verfügung hat.

**Vorteil** des Heuwaschens ist, es ist schnell und einfach durchführbar, wenn das Equipment vorhanden ist. Staub und Dreck werden auf schnellem Wege herausgewaschen, und bei sehr grobem Heu entsteht durch den Einweichvorgang eine etwas weichere Struktur, was für unser ältestes Pferd hilfreich ist. Ein weiterer Effekt ist, dass die Pferde bereits mit dem Heufressen auch Wasser aufnehmen. Die Wassermenge beim Trinken sinkt demnach bei der Gabe von gewässertem Heu deutlich ab.

**Nachteil** ist, dass im Winter das gesamte gewaschene Futter einfrieren kann, man benötigt relativ viel Wasser und muss aufpassen, dass das Heu nicht verdirbt. Nasses Futter ist – gerade bei warmen Temperaturen - ein Nährboden für Keime und Sporen, somit sollte es zeitnah verfüttert werden. Weiterhin kann es Hitze entwickeln und darf dann natürlich aufgrund von Kolikgefahr nicht mehr gefüttert werden.

**HEUWASCHEN**

| | |
|---|---|
| Wir haben eine handelsübliche 240 Liter Mülltonne im Einsatz und einen elektrischen Flaschenzug. Die Heunetze werden an großen, stabilen Karabinerhaken aufgehängt. | Die Tonne hat unten einen Hahn, so dass das Wasser mit Hilfe eines Schlauches abgelassen werden kann. Gewechselt wird es ca. 2-3-mal pro Woche. Dies ist abhängig vom Wetter, der Heumenge sowie dem Verunreinigungsgrad. |

*Heu bedampfen*

Mittlerweile gibt es professionelle Heubedampfer zu kaufen. Wir haben für unseren Test selbst einen Heubedampfer gebaut. Dafür haben wir einen handelsüblichen Dampferzeuger mit einem 4 Liter-Wasserbehälter angeschafft, der eigentlich zum Tapeten ablösen genutzt wird. Dazu benötigten wir – wie beim Heuwaschen - eine 240 l Mülltonne, in die im unteren Teil ein Loch gebohrt wurde, um den Schlauch, der den Dampf einleitet, einzuführen. Weiterhin haben wir einen Fahrradkorb an die Tonne befestigt, um dort den Dampferzeuger hineinzustellen. Das untere Teil, aus dem der Dampf austritt wird nun auf den Tonnenboden gelegt, darauf ein erhöhter (Grill-)Rost, damit das Heunetz nicht direkt auf dem Bedampfer aufliegt. Anschließend wird der Dampferzeuger angeschaltet und die Tonne mit dem Heu, unter dem nun der Dampf austritt, geschlossen.

Nach einer Weile des Heubedampfens duftet es aromatisch nach Wiesen, Blumen und Wald. Das Heu wird langsam benetzt, so dass es feucht wird, aber nicht nass. Je nach Menge im Heunetz dauert das Bedampfen auf diesem Wege etwa 30-40 Minuten oder länger. Es kann nach einer Kühlungsphase dann auch direkt verfüttert werden.

Da der Dampf hohe Temperaturen mit sich bringt (wir haben mit 70 Grad gearbeitet), werden nachweisbar ein großer Teil Sporen, Keime und Pilze im Heu beseitigt, was als **Vorteil** zu sehen ist. **Nachteilig** bewerten wir bei größeren Heumengen die lange Zeit und damit den hohen Stromverbrauch, bis das gesamte Heu bedampft ist. Wir haben im Winter pro Tag ca. 3 Netze zu weichen, was sich bei den jetzigen Energiepreisen durchaus bemerkbar macht.

**HEU BEDAMPFEN**

Der Dampferzeuger steht in einem Korb, der an der Tonne befestigt wurde. Der Schlauch, durch den der Dampf ins Tonneninnere geleitet wird, wird durch ein Loch hineingeführt.

Innen liegt das Teil, aus dem der Dampf austritt. Darauf steht ein Rost, auf dem das gefüllte Heunetz liegt. Beim Austritt des Dampfes wird die Tonne verschlossen.

Da unsere Pferde genauso gut das gewässerte wie auch das bedampfte Heu fressen, haben wir uns letztlich aus Gründen des Energiesparens für das Heuwaschen entschieden, was wir nun seit über 5 Jahren auf diesem Wege durchführen.

Neben dem nassen oder bedampften Heu solltest du bei einem hustenden Pferd auch daran denken, das Kraft- und Mineralfutter anzufeuchten. Wenn ohnehin eingeweichte Heucobs gefüttert werden, kann man Hafer, Müsli und Mineralfutter untermischen, so dass alles befeuchtet ist. Wenn dies nicht der Fall ist, kann man den Hafer und das Mineralfutter ebenfalls mit Wasser binden oder besprühen, damit dein Pferd hierbei möglichst keinen Staub inhaliert. Natürlich solltest du auch mit staubfreier Einstreu arbeiten. Ein gut durchlüftetes aber zugfreies Stallklima ist ebenfalls wichtig, wovon bei der Haltung im Offenstall auszugehen ist.

## Hufgesundheit

Die Gesundheit der Pferdehufe ist eins der wichtigsten Themen bei der Haltung, für das Fluchttier Pferd grundlegend und in der Natur überlebenswichtig. Da die Hufbearbeitung und die Therapie von erkrankten Hufen sehr komplexe Themen darstellen, die in fachlich kompetente Hände gehören, möchte ich nur einige Grundlagen zur Prävention und Gesunderhaltung ansprechen. Vieles ergibt sich bereits aus den Themen, die beim Stall- und Paddockbau angesprochen wurden in Bezug auf die partielle Trockenlegung und Befestigung von Böden und einer guten Stall- und Außenhygiene.

### *Wechsel zwischen harten und weichen Böden*

Für die Durchblutung der Hufe ist ein Wechsel zwischen harten und weichen Böden wichtig. Daher sollte man Pferde nicht nur auf weichen Wiesenstücken halten, sondern ihnen auch festen Untergrund bieten. Das Gehen und Stehen auf harten Böden bietet Hornabrieb und das Laufen auf wechselseitigem hartem und weichem Untergrund öffnet und schließt die Gefäße im Huf, so dass der Blutaustausch im Huf gefördert wird und im Krankheitsfall auf diesem Wege Giftstoffe bewegt und abgebaut werden können. Weiterhin stimulieren wechselnde Böden aus Steinen, Kies, Sand, Gras etc. die Tiefenmuskulatur, den Gleichgewichtssinn und die Körperbalance.

*Nässe ja, aber kein dauerndes Stehen im Matsch*

Das Gehen im Wasser ist ebenfalls förderlich für Pferdehufe, gerade im Sommer, wenn die Böden und damit auch die Hufe trocken und hart werden. Auch die Natur wildlebender Pferde sieht das Laufen durch Wasser vor. Das permanente Stehen im Matsch, oft vermischt mit Urin und Kot dagegen stellt keine gute Bedingung dar, denn der Huf wird aufgeweicht und das Eindringen von Bakterien und damit das Risiko von Strahlfäule oder Hufgeschwüren wird begünstigt.

Daher sollten Pferde jederzeit die Möglichkeit haben, trockene Bereiche aufsuchen zu können. Da das Fressen über den Tag verteilt viele Stunden ausmacht, empfiehlt es sich, die Fressbereiche zur Heufütterung auf trockenem, ebenem Untergrund zu organisieren. Auch eine gute Stallhygiene mit dem regelmäßigen Austausch von nasser oder feuchter Einstreu in den Schlaf- und Ruhebereichen gehört zur Hufpflege dazu.

Im Sommer packen wir die Hufe vor der Hufbearbeitung in Schlamm, damit das Horn für die Hufbearbeitung etwas weicher wird. Dazu sammeln wir Maulwurfshügel ab, geben etwas Wasser in die aufgelockerte Erde und schmieren dieses Gemisch in und auf die Hufe. Da wir Lehmböden haben, haftet diese Mischung recht gut am Pferdehuf und wird vor der Bearbeitung einfach mit Wasser abgespritzt oder abgebürstet. Auch das Anfeuchten mit nassen Strümpfen, die über den Huf gezogen werden, ist möglich.

Die Hufbearbeitung sollte bereits beim jungen Pferd/Fohlen beginnen. Ein guter Hufpfleger oder Hufschmied kann bereits beim Jungpferd den Körperbau und das Gangbild beurteilen und auf dieser Grundlage das Pferd durch schonende Hufbearbeitung korrigieren. Mit einer sachgerechten Hufbearbeitung wird das Wachstum von Knochen, Gelenken und Bändern bereits in jungen Jahren bestmöglich und sanft unterstützt. Wird dies verpasst, hat man unter Umständen in späteren Lebensbereichen Probleme, wenn das Pferd Belastungen ausgesetzt wird.

*Hufe fetten?*

Im Sommer trocknen die Hufe erfahrungsgemäß aus und manchmal entstehen kleine bis größere Risse. Viele Menschen fetten oder ölen dann die Hufe, um Ihnen Feuchtigkeit zurückzugeben. Allerdings sollte man wissen, dass Fett eine Barriere bildet und damit verhindert, dass Feuchtigkeit in den Huf aufgenommen werden kann bzw. bei zu intensivem Fetten die Hufe aufweichen. Wenn Probleme mit der Hufsubstanz oder dem Hufwachstum vorliegen, sollte man besser die Fütterung und den Mineralienhaushalt überprüfen und Mängel auf diesem Wege ausgleichen. Daher gibt es keinen Grund, die Hufe zu fetten und wir tun das überhaupt nicht. Risse in den Hufen resultieren eher durch ungleiche Druckverteilungen, die nach und nach durch eine sachgemäße Hufbearbeitung ausgeglichen werden und damit verschwinden sollten.

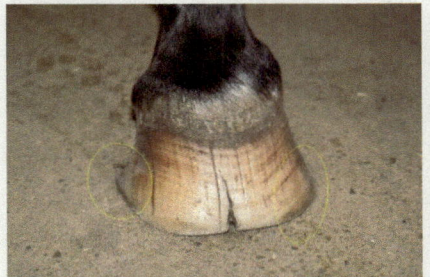 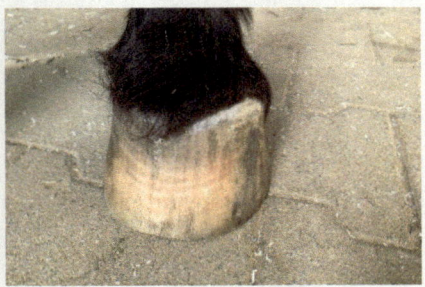

Risse in der Hufwand deuten auf eine
Überlastung hin, die durch falsche oder unregelmäßige Hufbearbeitung entstehen können.

Gleicher Huf nach mehrmaliger Bearbeitung
in einem 5-wöchigen Intervall durch eine
Huforthopädin nach Jochen Biernat

*Barhuf und Hufschuhe vor Beschlag*

Unsere Pferde laufen barhuf auf wechselnden harten und weichen Böden. Im Umland ist viel geschottert und unser Quarterhorse reagiert auf unebene und steinige Böden sehr fühlig, was soweit geht, dass er den schmerzhaften Druck deutlich zeigt. Da wir beim Barhuflaufen bleiben möchten, sind für uns Hufschuhe die Lösung. Diese kann man mittlerweile bei bestimmten Anbietern zum Testen ausleihen. Es kommt sehr viel auf eine gute Anpassung an, damit nichts drückt oder man die Schuhe unterwegs verliert. Unser Pferd hat von Größe und Form zwei unterschiedliche Vorderhufe, deshalb war dies ein längerer Prozess.

**Vorteil** bei Hufschuhen ist, dass der Hufschutz nur angebracht wird, wenn man ihn braucht. Zu allen anderen Zeiten läuft das Pferd ohne Schuhe und der Hufmechanismus bleibt unberührt. Dies ist bei dauerhaftem Hufschutz wie Hufeisen, Klebeschutz oder Kunststoffbeschlag nicht der Fall. Bei diesen wird ständig in den Hufmechanismus eingegriffen, was zu neuen Problemen führen kann. Quetschungen und Einengungen der Hufkapsel und der Hufglederhaut sowie letztlich eine Minderdurchblutung des gesamten Hufes können die Folge sein. Außerdem bilden Hufnägel Eintrittspforten für Keime und Bakterien, die zu schmerzhaften Infektionen im Huf führen können. Viele Pferde rutschen mit

Beschlag auch auf nassen oder glatten Böden aus oder verlieren die Balance und letztlich bestehen kaum sinnvolle Möglichkeiten einer unterstützenden Hufkorrektur.

Daher solltest du gut abwägen, ob diese Nachteile im Sinne der Pferdegesundheit den Nutzen aufwiegen. Neben der traditionellen Hufbearbeitung der Hufschmiede gibt es mittlerweile hoch kompetente Hufpfleger und Huforthopäden, bei denen man sich auch informieren und beraten lassen kann. Weiterhin kann man auch Hufseminare belegen, um Anatomie, Mechanismus und Krankheiten der Hufe zu verstehen und um damit den „richtigen" Weg für die uns anvertrauten Pferde gehen zu können.

## Wurmkuren, Wurmkräuter

Die Anzahl der für Einsteller verpflichtenden Entwurmungen in Pensionsställen ist oft sehr hoch. Es wird häufig zwischen 3-6 mal pro Jahr entwurmt, was kaum nachvollziehbar für die Pferdegesundheit ist. Denn diese Vorgaben bedeuten im Umkehrschluss, dass durchgehend Pferde entwurmt werden, die möglicherweise keinen oder kaum Befall haben. Damit werden Resistenzen aufgebaut und wenn wirklich ein Wurmbefall vorliegt, wirkt die Wurmkur möglicherweise nicht mehr. Das gleiche würde passieren, wenn man – ohne dass ein Infekt vorhanden ist – prophylaktisch mehrfach im Jahr Antibiotika einnimmt. Tritt dann der Fall einer Entzündung ein ist es sehr wahrscheinlich, dass dieses Antibiotikum nun nicht mehr wirkt.

Außerdem haben Wurmkuren auch diverse Nebenwirkungen wie Juckreiz, Magen-Darm-Probleme, Ödeme, Störungen des Allgemeinbefindens, Lahmheit etc. Das sollte man überdenken, bevor prophylaktische Entwurmungen durchgeführt werden. Zugegebenermaßen schwierig in einem Stall, in dem man „mit entwurmen" muss, weil alle das tun. Allerdings kann man auch das, was alle „immer schon so machen" ruhig einmal überdenken im Sinne aller betroffenen Pferde.

Wir entwurmen daher nur noch selektiv, wie viele andere Pferdehalter in ähnlichen Konstellationen mit kleinen Herden im eigenen Stall das auch tun. Wir geben mehrfach im Jahr Kotuntersuchungen zum Tierarzt oder direkt zu einem spezialisierten Labor und lassen diese auswerten. Anhand des Ergebnisses erhält man die Information, ob und welche Wurmeier oder Wurmlarven festgestellt wurden. Dazu bekommt man entsprechende Empfehlungen zu Wirkstoffen, die im individuellen Fall zu einer Entwurmung des speziellen Befalls angezeigt sind.

Völlige Wurmfreiheit gibt es wohl selten bis gar nicht bei Pferden. Doch je geschwächter oder instabiler ein Körper ist, desto mehr Parasiten werden angezogen. Daher sollten wir Pferdehalter für ein widerstandsfähiges und wurmfeindliches Darmmilieu bei den Pferden sorgen, so dass weniger Befall zu erwarten ist. Dazu kann man gezielte Kräuter bzw. auch bereits fertige Kräutermischungen füttern. Wir geben diese als Kur mit einer Dauer von ca. 3 Wochen im Frühjahr und im Herbst für alle Pferde. Folgende Kräuter sind für diese Zwecke hilfreich: Hagebutten, Pfefferminze, Thymian, Ingwer, Walnussblätter, Kümmel, Beifuß, Meerrettich, Mariendistelsamen, Amberkraut, Echinacea, Löwenzahnwurzel etc. Wir nehmen meist in Pellets gepresste Kräutermischungen mit Esparsette, da diese gut von den Pferden aufgenommen werden und einfach der Kraftfuttergabe beizumischen sind. Reine Trockenkräutermischungen haben sicherlich ähnliche Effekte. Bei empfindlichen Pferden ist es zu empfehlen, zur Wurmkräutergabe Kamille hinzuzumischen. Gerne auch als Teeaufguss, den man (etwas abgekühlt) über das gesamte Futter schütten kann. Die positive Wirkung der Kräuterzugaben kann neben der Stabilisierung der Darmflora auch nach mehreren Wochen in Fell, Hufhorn und im Allgemeinbefinden sichtbar werden.

Bei einem nachgewiesenen Befall von Wurmlarven oder Wurmeiern kann man wahrscheinlich mit den Wurmkräutern keine völlige Abtötung der Parasiten erreichen. Die Stärkung des Darmmilieus ist eher prophylaktisch zur Stabilisierung des Darmes zu sehen. Wir geben demnach die Wurmkräuter als vorbeugende Kuren oder im Nachgang einer chemischen Entwurmung zur Regenerierung der Darmflora. Als selbstbestimmter Pferdehalter kannst du durch die kontinuierliche Stallhygiene und Weidepflege, der Stärkung des Darmmilieus über Kräuter und Mineralien sowie einer gleichbleibenden Herde mit kaum oder keiner Fluktuation, das Risiko eines Wurmbefalls deutlich minimieren.

## „Best Ager" oder Pferdesenioren

Die Haltung im Offenstall, auf Paddocks und Trails ruht auf der Idee, dass die Pferde tagsüber ausreichende Laufstrecken zurücklegen, um sich der natürlichen Lebensweise anzunähern. Daher werden Wasserbehälter oft weit weg von der Heufütterung platziert, damit sich die Pferde angemessen bewegen und bei Durst den Weg zur Wasserstelle zurücklegen müssen.

Wir handhaben dies bei unserem Pferdesenior anders herum. Ähnlich wie bei alten Menschen, denen man häufiger Flüssigkeit anbieten sollte, damit sie nicht vergessen zu trinken, versuchen wir unser Pferd zu animieren. Anstatt das Wasser weit wegzustellen, haben wir über Paddock, Stall und Wiesen diverse Wasserstellen verteilt, an denen unser Pferdesenior mehrfach am Tag vorbeiläuft und damit ans Trinken erinnert wird. Wir gehen so davon aus, dass er dadurch – besonders im Sommer – ausreichend Flüssigkeit aufnimmt und damit kreislaufstabil bleibt. Wir beobachten oft, dass er die einzelnen Wasserstellen gerne nutzt.

Weiterhin entwickeln ältere Pferde oft Eigenheiten bzw. es werden Angewohnheiten – ebenfalls wie bei alten Menschen – manifestiert und treten deutlicher hervor. Unser „Oldie" war bereits als junges Pferd unruhig bei Stechfliegen aller Art. Dieses Verhalten hat sich im Alter so verstärkt, dass er im Galopp von der Wiese flieht, wenn Bremsen hinzukommen. Er ist ständig damit befasst sich mit Beinen, Schweif und durch Wälzen diese Plagen vor allem von Kruppe und Rücken abzuschütteln, oder stampft heftig mit den Hufen auf. Eindecken will ich ihn nicht, da dies bei heißen Temperaturen zu Hitzestau und Kreislaufbeschwerden führen kann. Also haben wir die Lösung gefunden, feinen Lehm mit Wasser anzurühren und ihm damit den kompletten Rücken, die Bauchnaht und den Hodensack zum Schutz einzureiben. Bei warmem Wetter trocknet diese Mischung sehr schnell und es verbleibt ein dünner Film, der ihn bedeckt, aber weder behindert noch seine Körpertemperatur erhöht. Das ganze Gemisch hält – je nach Wetter – ca. 2 Tage, dann reißt und bröckelt es und wird erneuert.

Da er insbesondere in der heißen Witterung auch durch seine vorhandene Herzschwäche beeinträchtigt sein kann, bekommt er in diesen Zeiten täglich Weißdorn als pflanzliches Mittel. Damit soll sein Herz gestärkt und der Kreislauf stabil gehalten werden. Weiterhin legen wir ihm an besonders heißen oder schwülen Tagen gerne ein mit kaltem Wasser getränktes Handtuch auf Rücken und Kruppe. Es ist unserem Senior dann direkt anzusehen, dass er dadurch heruntergekühlt und ihm diese Maßnahme sehr gut tut. Wichtig dabei ist, dass man dieses nasse Handtuch nicht dauerhaft liegen oder das Pferd dabei in Zugluft stehen lässt. Nach einer halben bis maximal einer Stunde und mehrfachem Frischmachen mit kühlem Wasser, nehmen wir das Handtuch wieder ab.

Einen Pferdesenior zu füttern wird mit zunehmendem Alter ebenfalls aufwändig, da die Pferde meist große Mengen Heucobs, Mash und seniorengerechtes Mineralfutter benötigen, um ihr Gewicht zu halten. Hat ein älteres Tier erst einmal Gewicht und Muskelmasse verloren, ist es schwierig dies wieder aufzufüttern, denn alle Stoffwechselvorgänge vollziehen sich langsamer und das Gebiss ist oft beeinträchtigt durch fehlende Zähne oder unregelmäßige Zahnstellungen. Gerade im Winter sollte daher nicht an ausreichendem Zusatzfutter gespart werden.

Auch die Zeit des Fellwechsels, in der viele Stoffwechselprozesse stattfinden und die Witterung oft unbeständig ist, kann für ältere Pferde sehr belastend sein. Seit einigen Jahren unterstütze ich daher mit kontinuierlichem Ausbürsten und Striegeln das Auskämmen des Winterfells, was von alleine viel länger dauert, als wenn man aktiv nachhilft. Unser Senior hat in dieser Zeit oft auch starken Juckreiz und kratzt sich teilweise solange, bis offene Hautstellen sichtbar werden. Diese behandeln wir mit einer dünnen Schicht aus grünem Lehm (oder Heilerdepaste), der die Wunden meist schnell trocknet und abheilen lässt. Glücklicherweise handelt es sich meist nur um oberflächliche Scheuerstellen. In diesem Jahr habe ich erstmals den Bauch sowie den Hals- und Brustbereich geschoren, da er das längste und dickste Winterfell von allen hat und es sehr früh warm wurde. Weiterhin füttern wir im Fellwechsel eine Kur aus verschiedenen Mineralien und Aminosäuren zum Muskelaufbau. Ältere Pferde nehmen durch schwindende Muskelmassen auch an Gewicht ab, was bei unserem Senior mittlerweile deutlich an Kruppen und Rücken sichtbar ist. Bei Beginn des

Weidegangs wird dies wieder besser, denn keine Aminosäurenkur ist so gut wie die Aufnahme von Eiweißen über Weidegras.

Mein Seniorpferd ist mittlerweile über 30 Jahre lang mit mir gemeinsam durchs Leben gegangen mit allen Höhen und Tiefen. Er war und ist ein absolutes Verlasspferd und es verbindet uns eine tiefe Freundschaft. Daher freue ich mich auf jeden Tag, den wir mit ihm verbringen dürfen und er als Seniorchef die Gruppe steuert und unser Jungpferd mit unerschütterlicher Ruhe erzieht, wenn dieser mal wieder zu frech wird. Natürlich sehen wir, dass das Alter langsam Spuren zeigt. Daher ist uns wichtig alles zu tun, um auf seine geänderten Bedürfnisse einzugehen, damit er auch im Alter noch ein schönes Leben hat, seine Aufgabe in der Herde wahrnehmen und seine Würde bewahren kann.

**SENIORENGESUNDHEIT**

Die noch feuchte Lehmdecke
auf dem Rücken im Sommer

Nutzung einer der Wasserstellen

## Notfallmanagement

Abschließend zum Thema unserer individuellen Lösungen möchte ich noch auf das Thema von Akutsituationen in Stall und Weide eingehen, die uns alle betreffen können. Hiermit meine ich nicht, dass wir alles selbst managen sollen, sondern eher wie du die Zeit zielführend nutzen kannst, bis der Tierarzt kommt. Denn je nachdem in welcher Region man mit den

Pferden lebt kann es sein, dass wertvolle Zeit vergeht, bis ein Tierarzt eintrifft. Daher ist es gut, wenn du dir als Stallbesitzer ein Stück weit selbst helfen kannst, bis Unterstützung kommt. Wie bei dem komplexen Thema der Pferdehufe kann man auch zu diesem Thema Notfallseminare für Pferdehalter besuchen, was sicherlich für jeden von uns sinnvoll ist. Wenn man im Krankheitsfall Vitalzeichen wie Atmung, Puls und Temperatur messen kann, ist dies möglicherweise für die Einschätzung des kontaktierten Tierarztes bereits am Telefon hilfreich.

Zunächst einmal solltest du einen Notfallschrank in der Nähe haben, in dem du bestimmte Utensilien sauber lagerst und schnell zur Hand hast. Wir haben für diesen Zweck in der Sattelkammer mehrere verschließbare Plastikboxen, in denen folgende Utensilien zu finden sind:

- Haut-Desinfektionsmittel
- Aluminiumspray
- Polstermaterial wie Tupfer, Watte
- Mullbinden, elastische Binden und selbsthaftende Fixierbandagen (z.B. „Coflex"®, „Vetlastic"®)
- Pflaster zum Fixieren der Binden
- Festes Klebeband zum Anlegen von Hufverbänden (Kraftklebeband, Klauenverbandklebeband)
- Kühlauflagen
- Spritzen und Kanülen
- Verbandsschere
- Einmalhandschuhe
- Fieberthermometer
- Taschenlampe
- Stethoskop

Weiterhin haben wir einen Medizinschrank, in dem wir bestimmte freiverkäufliche homöopathische und pflanzliche Mittel und auch lokale Medikamente wie Augentropfen lagern, zum Beispiel:

- Nux Vomica bei Magen- Darmstörungen

- Kräuteröle und Lösungen bei Blähungen und Magen-Darmstörungen
- Arnica bei Verletzungen
- Euphrasia -Lösung oder Salbe bei Bindehautentzündungen, vermehrtem Tränenfluss
- Rhus Toxicodendron bei Überanstrengung, Lahmheit, Verrenkungen
- Ledum bei Tierbissen (Zecken)
- Apis bei Stichen, allergischen Reaktionen
- Belladonna bei Hitzschlag, Entzündungen

Im Akutfall arbeiten wir in der Homöopathie mit der Potenz C 30.

*Verletzungen, Stiche, Bisse*

Bei oberflächlichen Verletzungen der Haut, die nicht stark bluten, desinfizieren wir lediglich die Wunde und geben das homöopathische Mittel Arnica. Wir nutzen auch gerne Aluminiumspray, das einen Film über die Wunde legt und diese vor Fliegen schützt.

Bei tieferen, größeren oder blutenden Wunden wird ebenfalls das Wundgebiet gereinigt (z.B. mit einer Jodlösung), desinfiziert und dann verbunden, damit die Wunde vor Keimen und Fliegen geschützt wird. Dazu sollte man eine Kompresse auf die betroffene Stelle legen und zunächst einen Mullverband und darüber einen elastischen Verband anbringen. Wir geben ebenfalls das homöopathische Mittel Arnica.

Auch bei Quetschungen, Hämatomen (Blutergüsse), Überanstrengung und Stürzen ist das homöopathische Mittel Arnica oder auch homöopathische Komplexmittel (Mischung mehrerer homöopathischer Einzelmittel), wie z.B. „Traumeel®" zu empfehlen. Bei verletzungsbedingten warmen Schwellungen hilft das Kühlen mit Eisauflagen oder Umschlägen mit kaltem Wasser und dem alten Hausmittel essigsaurer Tonerde, die häufiger erneuert werden sollten.

Im Sommer hat man bei offenen Wunden immer das Problem von Stechfliegenbefall. Wenn eine Wunde nässt, suppt oder blutet, werden sich blitzschnell Fliegen ansammeln und im ungünstigen Fall Eier in die Wunde ablegen, was die Wundheilung verzögert und immense Sekundärfolgen haben kann. Man spricht dann von „Sommerwunden", die es zu vermeiden gilt. Um diese zu verhindern, sollte man größere Wundflächen verbinden, bis sich Schorf bildet und die Abheilung stattfindet. Bei kleineren Flächen, oberflächlicheren Wunden oder durch Jucken entstandene Hautläsionen arbeiten wir häufig mit einer Paste aus „grünem Lehm" oder „Heilerde". Diese gibt es beide in der Applikationsart fertige Pasten oder als Pulver zu kaufen, das man mit Wasser zu einer Paste anrühren kann. Dieses breiige Gemisch kann man nach einer Wunddesinfektion direkt auf oberflächliche Wunden auftragen. Es hat die Wirkung die Wunde zu trocknen, zu entgiften, die Heilung zu aktivieren und bildet eine Schutzschicht gegen Stechfliegen und Parasiten. Auch zur Anwendung mit lokalen pflanzlichen oder homöopathischen Mitteln kann man dieses Gemisch als Grundlage nutzen, um z.B. Calendula-Tropfen als Unterstützung der Wundheilung einzumischen. Vorteil ist, dass diese erdigen, lehmigen Massen gut am Pferd halten, die Wunden eine Zeitlang bedecken und eine austrocknende, heilende Wirkung haben.

Natürlich soll man nicht „blind" therapieren, denn es kommt immer auf den Einzelfall an und es ist ein Unterschied, ob man von einer stumpfen Verletzung, einer Quetschung, einem Biss o.ä. ausgeht. Außerdem kann eine Wunde von außen unscheinbar wirken, aber dennoch tief ins Gewebe reichen. Daher ist bei blutenden, tiefen oder unklaren Wunden immer zu raten, einen Tierarzt oder Tierheilpraktiker zuzuziehen, der eine Diagnose stellt und eine entsprechende Therapie einleiten kann. Weiterhin sollte man daran denken, den Tetanus-Impfschutz zu überprüfen.

*Kolik*

Schmerzen im Magen-Darmbereich bei Pferden können viele Auslöser haben: Futterumstellung im Frühjahr oder Herbst mit Beginn und Ende des Weidegangs, Stress, Kreislaufbeschwerden bei Wetterumschwung, Aufnahme von Gift(-pflanzen) etc.

Bei Bauchschmerzen, Krampf- oder Blähungskolik ist es ratsam, das Pferd (langsam) zu bewegen, um den Kreislauf stabil zu halten. Weiterhin darf das Pferd nicht mehr fressen und sollte unverzüglich von Weide, Heu oder fressbarer Einstreu geholt werden. Die Symptome wie Hinlegen, Flehmen, Wälzen, mit den Hufen scharren, nach dem Bauch sehen, vermehrtes Urinieren, Schwitzen, Unruhe können bei dieser Art Beschwerden sehr vielseitig sein. Wir geben meist zunächst homöopathische Mittel je nach Schwere, Art und Zeitpunkt der Symptome. Für den homöopathischen Gebrauch im Pferdestall gibt es zahlreiche Notfallbücher, mit denen man sich idealerweise im Vorfeld beschäftigen sollte bzw. diese als Nachschlagewerke im Stall hinterlegt hat. Hier kann man anhand der Symptome und Ursachen nachlesen, welche Mittel passend erscheinen. Bewährt haben sich beispielsweise Mittel wie Nux Vomica, Colocynthis, Opium, Arsenicum Album oder Pulsatilla. Die Gaben kann man im Akutfall stündlich / halbstündlich wiederholen. Wichtig ist es dabei, das Pferd fortlaufend zu beobachten.

Wenn die eingesetzten homöopathischen Mittel keine bzw. zu geringe Wirkung zeigen, arbeiten wir auch gerne mit Kräuterdarmölen, die es bereits als fertig gemischte flüssige Lösungen oder als Paste gibt, wie z.B. „VeyFo Entero-Mulgat®" oder „Colosan®". Diese Arzneimittel, die man beim Tierarzt oder in der Apotheke kaufen kann, enthalten in vielen Fällen Leinöl, Anisöl, Fenchelöl, Pfefferminzöl, Kümmelöl etc. und sind aus unserer Erfahrung gut wirksam und einfach zu verabreichen. Wichtig ist dabei zu wissen, dass ätherische Öle die Wirkung homöopathischer Mittel mindern oder aufheben können. Daher solltest du die Gabe homöopathischer Mittel nicht parallel mit der von Kräuterölen verabreichen.

Neben den pflanzlichen und homöopathischen Mitteln sowie dem Führen, kannst du deinem Pferd in diesen Situationen auch mit Massagen und Drucktechniken helfen. Wir nutzen für den Zweck der Bauchmassage gerne ein stabiles langes Handtuch, das von zwei Personen, die rechts und links am Pferd stehen, sanft an den Ecken hochgehoben wird, womit der Bauch in einer langsamen Hoch- und Runterbewegung massiert wird. Viele Pferde empfinden dies als wohltuend und es kann sein, dass Blähungen abgehen, was oft schmerzmindernd wirkt. Wichtig dabei ist, dass man alles in ruhigem Tempo durchführt und beobachtet, inwieweit das Pferd diese Handlungen toleriert.

Hilfreich sind hierbei die Bücher und Videos von Linda Tellington Jones, die dafür verschiedene Techniken der Bauch- und Ohrmassagen entwickelt hat, die auch aus unserer Erfahrung gute Wirkungen zeigen können.

Abschließend ist zu diesem Thema zu sagen, dass Kolik immer ein lebensbedrohender Zustand sein bzw. werden kann, der im schlimmsten Fall zu einer Darmverschlingung oder einem Darmverschluss führen kann. Es gibt auch leichte Fälle, bei denen man mit den hier genannten Möglichkeiten Verbesserungen erzielen kann. Leider weiß man das aber nie zu Beginn der Symptomatik. Daher raten wir, im Falle von Kolik und Magen-Darmbeschwerden immer zuerst einen Tierarzt zu kontaktieren, der eine korrekte Diagnose stellt und eine zielführende Therapie einleiten kann, so dass das Pferd keine unnötigen Schmerzen oder Leiden ertragen muss.

*Schlundverstopfung*

Bei einer Schlundverstopfung ist der Fall eingetreten, dass Nahrung oder ein Fremdkörper in der Speiseröhre steckt und diese blockiert. Schlundverstopfung ist ein akuter Notfall, der zu Symptomen wie Atembeschwerden, vermehrtem Speicheln, Husten, Prusten, Ausfluss von Nahrungsbrei aus Maul oder Nüstern sowie einer überstreckten Halshaltung führen kann. Wichtig ist in dem Fall, dass das Pferd keine Nahrung und kein Wasser mehr zu sich nehmen darf und so schnell wie möglich ein Tierarzt angerufen wird. Die Gefahr bei einer Schlundverstopfung besteht darin, dass Nahrungsbrocken in die Lunge aspiriert werden, was als Folge zu einer Lungenentzündung führen kann.

Begünstigen kann man dieses Problem durch die Gabe trockener Heucobs oder anderem trockenem Futter in Pelletform, das in Verbindung mit Feuchtigkeit quillt. Das trockene Futter bleibt in der Speiseröhre stecken, da es aufquillt und dann nicht mehr weiter transportiert werden kann. Gefährdet sind ältere Pferde, bei denen die Muskulatur im Halsbereich nachlässt sowie junge Pferde im Zahnwechsel. Außerdem Pferde, die lange und / oder schwer gearbeitet wurden und anschließend fressen. Auch das Einschnüren durch

Hilfszügel oder starker Zug an den Zügeln kann zu einer Ermüdung der Halsmuskulatur führen, was sich auf den Schluckakt auswirken kann.

Was man als Pferdebesitzer in diesem Fall tun kann ist, den Nahrungsbrei durch leichtes und vorsichtiges Massieren des Halses nach unten zu befördern. Es wird oft eine Schwellung am Hals sichtbar, an der die Verstopfung lokalisiert ist. Das sollte aber äußerst behutsam getan werden, denn die Schleimhaut der Speiseröhre ist sehr empfindlich und darf keinesfalls verletzt werden. Wenn innere Verletzungen verursacht werden, kann dies das Todesurteil für das Pferd sein. Außerdem kann im Akutfall die Halsmuskulatur stark verkrampfen und das Pferd sich in großer Unruhe / Panik befinden. <u>Am besten ist es, so schnell als möglich den Tierarzt hinzuzuziehen, der die Diagnose stellt oder das Pferd in die Tierklinik zu bringen.</u> Der Tierarzt wird möglicherweise ebenfalls versuchen, den feststeckenden Nahrungsbrei manuell von außen herunterzubefördern. Klappt es nicht auf diesem Wege, wird in der Regel eine Nasen-Schlundsonde durch die Nüstern geschoben, durch die dann mit Flüssigkeit die Nahrungsverstopfung aufgelöst wird. Zusätzlich werden meist krampflösende Mittel und Schmerzmittel und bei Bedarf ggf. auch Beruhigungsmittel verabreicht.

Daher ist auch hier wieder beim Füttern die Vorbeugung als beste Maßnahme zu sehen. Trockene und größere Pellets und stark quellendes Futter wie Heucobs und Rübenschnitzel sollten vorher eingeweicht werden, damit das Pferd dies als Brei fressen kann. Futter aus der Hand wie Leckerlis, Karotten oder Äpfel sollten – wenn überhaupt – klein geschnitten werden, um ebenfalls zu vermeiden, dass ein größeres Stück stecken bleibt. Weiterhin sollten regelmäßig die Zähne kontrolliert werden, um sicherzustellen, dass der Kauvorgang ungehindert funktioniert.

### Grundsätzliches zu Akutsituationen

Erste Hilfe zu leisten erzeugt in vielen Menschen Angst, da bereits das Ansehen einer Notfallsituation belastend sein kann. Meines Erachtens ist die größte Blockade dabei, falsch zu reagieren bzw. die Situation nicht korrekt einzuschätzen und womöglich einen irreversiblen Fehler zu machen, der dem Pferd einen Schaden zufügen könnte.

Je besser man sich demnach mit diesem Thema auseinandersetzt und je mehr Informationen man darüber einholt, desto sicherer kann man im Notfall reagieren und Ruhe bewahren. Mit dem Üben von Situationen, die auch beim echten Notfall wichtig sind, nimmt man sich selbst und auch seinem Pferd ein Stück weit den Schrecken. Daher wäre es ratsam Erste-Hilfe-Kurse zu besuchen, um Maßnahmen wie Verbandswechsel, Hufpolsterungen, Bauchmassage, Vitalzeichen messen (Atmung, Temperatur, Puls) etc. zu üben. Damit schult man die eigene (Kranken-) Beobachtung, auf die es im Fall einer akuten Situation ankommt und kann besser entscheiden, ob es sich überhaupt um einen Notfall handelt. In jedem Fall sollte man den Tierarzt kontaktieren und ihm den Fall schildern. Damit hat man zum einen eine Fachmeinung eingeholt und wenn der Tierarzt telefonisch eine Notsituation bestätigt, erhältst du ggf. Empfehlungen, welche Maßnahmen durchgeführt werden sollen, bis ärztliche Hilfe eintrifft.

Wichtig ist vor allem zu versuchen, selbst nicht die Nerven zu verlieren, da sich das mit großer Wahrscheinlichkeit auf das Pferd überträgt. Außerdem ist es eine gute Basis, wenn du „Trockenübungen" mit deinem Pferd machst. Dazu gehört, dass es sich z.B. überall anfassen lässt, Spraydosen, Stethoskop, Verbandsmaterial etc. kennt und nicht davor scheut. Am besten verbindet man ein solches Training mit viel Lob und positiver Verstärkung, so dass das Pferd all diese Dinge als angenehm verknüpft und sich nicht darüber aufregt.

Als Pferdebesitzer im eigenen Stall bekommt man mit der Zeit ein gutes Gespür für die eigene Herde. Wir sehen oft schon am Blick eines Pferdes, dass irgendetwas nicht in Ordnung ist und können dem auf den Grund gehen. Täglich beobachten wir das Allgemeinbefinden und Verhalten aller Pferde, was sich auf Fressen und Trinken, Kot- und Harnabsatz, Futterzustand, Augen, Fell und Bewegung bezieht. Damit erhält hat man fortlaufend einen Eindruck und kann Abweichungen sehr schnell wahrnehmen.

## VI. Naturschutz

Umwelt und freilebende Tiere rund um die Pferde

Jeder Pferdehalter trägt bereits durch die Haltung und tägliche Versorgung der Pferde ein Stück weit zum Naturschutz bei. Denn wo Pferde leben siedeln sich meist schnell Vögel und Insekten an, da durch die Bereitstellung von Wasser und Futter bereits gute Bedingungen vorherrschen. Auch die Pferdeäpfel und der gesamte Misthaufen, auf dem meist noch Futterkörner, Pferdehaar sowie weitere Nistmaterialien zu finden sind, werden schnell beliebt bei einheimischen Vögeln. Der Sandpaddock wird gerne genutzt für ausgiebige Sandbäder der Vögel. In unserem Bereich mit dem Bach am Rand der Pferdewiese sehen wir auch größere Wasservögel wie Enten, Grau- und Seidenreiher und mittlerweile auch Störche. Neben dem Bach liegen Teiche, die für diese Tiere ein gutes Nahrungsangebot bereitstellen.

Das weitere Umland ist bei uns sehr stark durch eine extensive Landwirtschaft geprägt. Wie in vielen anderen Bereichen geht es auch in Agrarbetrieben um Zeit- und Kostenersparnis. So gibt es rund um unseren Hof kaum Wiesen, auf denen Bäume stehen. Für die Landwirte ist das Ziel möglichst große Freiflächen zu bearbeiten, auf denen sie mit Traktoren und Anhängern schnell und effektiv mähen, mulchen, düngen und güllen können. Bäume oder Hecken, die für die Ansiedlung von einheimischen Insekten und Vögeln wichtig wären, fallen dieser Bearbeitung zum Opfer, trotzdem sie für ein ökologisches Gleichgewicht von großer Bedeutung sind. Wir haben daher auf unseren Wiesen Hecken und Bäume gepflanzt wie Hainbuchen, Birke, Birn- und Apfelbäume, die Schatten und Kratzgelegenheiten für die Pferde bieten sollen und Lebensräume für die Vögel.

Auch brach liegende Flächen, damit sich Böden regenerieren können und Tiere und Insekten Rückzugsmöglichkeiten bekommen, sind kaum zu sehen. In der eigenen Pferdehaltung ist das Brachliegen von Wiesenstücken nur schwer umsetzbar, da wir oft mit verhältnismäßig kleinen Flächen arbeiten. Wenn private ökologische Pferdehaltung ebenso wie professionelle Landwirtschaft gefördert würde und wir damit die Möglichkeit bekämen, größere Flächen zu bewirtschaften, wäre es problemlos möglich, jahresweise Blühwiesen vom

Mähen oder der Beweidung auszuschließen. Leider ist dies immer noch nicht vorgesehen, wenngleich es mittlerweile viele Ansätze und Initiativen für die Privilegierung der privaten Tierhaltungen gibt. Wie sich dieses Thema in den kommenden Jahren entwickeln wird bleibt spannend.

Was sich für uns privaten Pferdehalter jedoch einfach gestaltet ist das Anlegen von Blühstreifen oder Blühbeeten, die Bienen und andere Insekten anlocken und zu denen die Pferde keinen Zugang haben. Viele Halter bestücken auch Kräuterbeete für ihre Pferde, so dass diese Kräuter auswählen können, die sie gerade benötigen. Wir haben in Beeten neben den Wiesen verschiedene Pflanzen gesetzt wie beispielsweise Lavendel, Thymian, Rosmarin etc., die für die Pferde nicht erreichbar sind. Dies sieht nicht nur schön aus, sondern ist auch wildbienenfreundlich und zieht andere Insekten ebenfalls an.

Es gibt noch weitere Möglichkeiten, Lebensräume für andere Tierarten zu schaffen. Anstelle von Bremsenfallen aus Plastikbällen haben wir Insekten- und Bienenhäuser aufgehängt. Erstere bieten kaum Nutzen und töten eine große Menge anderer Insekten. Unsere Häuschen sind bei uns an den Außenwänden des Offenstalls angebracht wie auch im gesamten Innenhof und ermöglichen Schmetterlingen, Ohrenkneifern und Käfern Nistplätze. Für Bienen haben wir extra Bienenhäuser aufgestellt, die wir zum Teil gekauft und zum Teil selbst gebaut haben. Auch hier bieten wir in Reichweite dazu blühende und stark riechende Pflanzen wie Lavendel, wilden Thymian oder Kamille an, damit die Häuser schnell angenommen und befüllt werden. Das funktioniert sehr gut.

Neben Insektenhäusern bieten wir auch Nisthilfen für Vögel an, sowohl für Schwalben wie auch für Meisen, Rotschwänzchen etc., die meist alle gut angenommen werden. Neben dem, was die Vögel im Mist und Stall finden, füttern wir sie das gesamte Jahr mit Streufutter und Insektenknödeln. Dafür haben wir feste Futter- und auch Wasserplätze. Die Vögel rund um unseren Hof nutzen im Übrigen gerne den Paddock zum „Sandbad".

Im Herbst haben wir viel Laub auf den unterschiedlichen Weiden. Dies wird bei uns nicht alles zusammengerecht und abtransportiert. Wir lassen einen Teil liegen und verrotten und ein anderer Teil wird in „stillen Ecken" aufgehäuft, so dass Igel die Möglichkeit haben, dort zu überwintern. Wir hatten mittlerweile schon mehrfach Igel zu Gast, die dieses Angebot genutzt haben. Die Pferde haben zu diesen Laubhaufen natürlich keinen Zutritt.

Weiterhin leben bei uns Fledermäuse unter dem Stall- und dem Hausdach. Unserer Erfahrung nach nehmen sie die aufgehängten Nist- und Schlafgelegenheiten weniger an und verbleiben an den Orten, die sie sich selbst gewählt haben.

In unserer Badewanne, in der außerhalb der frostfreien Zeit Trinkwasser für die Pferde angeboten wird wie auch in unserer Pferdeschwemme haben wir Holz- oder Korkstücke liegen, in denen sich die Insekten vorm Ertrinken retten können.

Geplant ist noch eine Totholzhecke, die zum einen dafür sorgen soll, dass sich die Pferde an den angebotenen Ästen bei Bedarf bedienen können. Weiterhin soll diese Hecke auch als Lebensraum für Pflanzen, Insekten, Vögel und andere Kleintiere fungieren.

**NATURSCHUTZ**

Insektenfreundlicher Blühstreifen          Schwalbe auf dem Weg zum „Sandbad"

Wildbienenhaus                          Insektenhäuser

## Nachhaltigkeit in der Pferdehaltung

Wer Pferde hält ist mit großer Wahrscheinlichkeit ein Naturfreund und viel draußen unterwegs. Durch den Einfluss der Natur auf die Pferdehaltung was Fütterung, Lebensraum und Jahreszeiten betrifft, lebt man mit den Pferden naturnah und nimmt die Umwelt bewusster wahr. Mir ging es so, dass ich mir früher überhaupt keine bis wenig Gedanken um das Wetter gemacht habe. Heute sind externe Faktoren wie Regen, Wind, Stürme, Trockenheit durch die Pferde und deren Versorgung näher gerückt und haben eine viel größere Bedeutung gewonnen. Genauso die Frage, wie wir unsere Pferdehaltung bestmöglich in die Natur integrieren können. So, dass wir auch anderen Tieren Lebensräume anbieten und wir im „Abäppler-Tagesgeschäft" bewusst mit den vorhandenen Ressourcen umgehen und nachhaltig denken und handeln. Dazu gehört auch, dass wir Heu aus der Region beziehen, das wir direkt ab Feld im Ort geliefert bekommen, so dass nur minimale Transportwege entstehen. Bei Kraftfutter versuchen wir soweit es geht Plastikverpackungen zu vermeiden, so dass lieber Hafer oder Cobs in Papiersäcken statt in Plastikeimern oder -säcken gekauft werden. Das alles hat sich im Lauf der Zeit entwickelt, indem wir Futterqualität und Verpackungen getestet haben, bis wir bei bestimmten Händlern landeten, bei denen beides stimmig erschien.

## Erhalten von Gebäuden

Wir haben aus ökologischen Gründen die Immobilien erhalten, die wir übernommen haben und diese in eine andere Nutzung geführt. Oft hat man bereits ein Bild im Kopf, wie die Gebäude, die man einmal bewirtschaften wird, aussehen sollen. In der Praxis findet man jedoch häufig völlig anders geartete Stallungen, Häuser und Scheunen an, bei denen man gute Ideen, Visionen und Tatkraft benötigt. Viele Pferdehalter übernehmen Ställe aus Milchviehhaltung mit Dungrinnen und Ständern, in denen jahrzehntelang Kälber und Kühe gehalten wurden und die Böden oft aus Kopfsteinpflaster bestehen. Andere bauen Hallen oder Scheunen zur Pferdehaltung um. Einer der für mich beeindruckendsten Ställe war der Umbau einer Tabakscheune zu einem hellen gut belüfteten Stall, den ich mir in der Pfalz ansehen durfte. Diese Scheune war sehr hoch und schmal angelegt und es gelang den Besitzern, sie zu einem Stall umzubauen, in dem eine äußert angenehme Atmosphäre herrschte.

Man hat demnach bei Übernahme eines bestehenden Baues immer die Möglichkeit, das Gebäude zu erhalten oder abzureißen und ganz neu zu gestalten. Die Option ein Gebäude zu erhalten wurde soll hier beleuchtet werden, da wir dies mit unseren bestehenden Bauten selbst in die Praxis umgesetzt haben. Dabei nutzten wir die vorhandenen Ressourcen und haben sie für unseren Zweck verändert und angepasst, um die Maschinenhalle in einen Offenstall zu verwandeln. Eine Voraussetzung dafür war eine entsprechende Bausubstanz, um eine stabile, sichere und dauerhafte Stalllösung zu konzipieren. Zu dieser Planung benötigt man gegebenenfalls die professionelle Unterstützung eines Architekten oder Statikers, der dies aus fachlicher Sicht beurteilen kann. Da wir mehrere Stützbalken im künftigen Stall hatten und die Verkäufer berichteten, dass die Decke im vorderen Stall nicht mehr tragfähig sei, haben wir mit einem Statiker zusammengearbeitet. Der sprach die Empfehlung aus, drei schwere Deckenbalken einzuziehen, womit die im Stall stehenden Stützen entfallen konnten. Diese Maßnahme war für uns grundlegend, da auf dem Boden stehende Stützbalken ein „no go" im Offenstall gewesen wären aufgrund der Verletzungsgefahr.

Stall und Außenbereich haben wir zum größten Teil mit organischen Materialien renoviert, angebaut oder verbessert, wobei Holz unser vorherrschendes Material darstellt. Im Offenstall haben wir für Verkleidungen von Strom- und Wasserleitungen mit Holz gearbeitet. Ebenso beim Abdichten von zugigen Ecken im gesamten Stall und rund um die Ruhe- und Liegeflächen. In der angrenzenden Scheune haben wir unser Heulager errichtet. Auf dem Betonboden legten wir dazu Vlies aus, darauf wurden Holzpaletten angebracht, auf denen das Heu im Verbund aufgesetzt wird. Zwischen Heulager und Offenstall hat sich die Stallgasse mit Anbindevorrichtung ergeben. Auch diese wurde bei uns aus Holz gebaut, das selbstverständlich stabil in Boden und am Anbindebalken mit Schrauben verankert wurde.

Recycling, Zweitverwendung

Neben der Erhaltung unserer Gebäude möchten wir noch verschiedene Ideen von Zweitnutzungen einiger Gegenstände für das „Abäppler-Tagesgeschäft" aufzeigen, die sich gut in den Ablauf einfügen lassen und sich bei uns bewährt haben:

- Eine alte **Badewanne** aus Stahlemaille (Gusseisen ist auch gut verwendbar) wurde bei uns zum Trinkgefäß für Pferde umgewandelt. Unsere Pferde lassen gerne die Selbsttränken oder Plastikeimer stehen, um lieber aus der Badewanne zu trinken, da das Wasser aus dieser scheinbar besser schmeckt.

- Gebrauchte aussortierte **Feuerwehrschläuche** dienen uns zum Abdecken scharfkantiger Gegenstände. Weiterhin haben wir aus Holzgriffen und einem Stück Schlauch ein „Bauchtuch" entwickelt, das man bei Kolik/ Bauchschmerzen zur sanften Massage und Anheben des Bauches (anstatt eines Handtuches) einsetzen kann.

„Bauchtuch" zum sanften Anheben und Absenken des Pferdebauches bei
Magen-Darmbeschwerden. Es werden zwei Personen benötigt, die rechts und links
vom Pferd stehend Auf- und Abbewegungen in langsamem Rhythmus durchführen.

- Wir kaufen **Pferdeleckerlis**, die als „Nebenprodukt" beim Ölpressen entstehen.
  Diese werden aus dem getrockneten **Ölkuchen** hergestellt und sind in der Regel
  getreidefrei. Sie entstehen beispielsweise bei der Kaltpressung von Lein- oder
  Schwarzkümmelöl. In vielen Ölmühlen kann man diese Presskuchen in Pelletform
  kaufen. Sie enthalten hochwertiges Eiweiß, Fettsäuren und Ballaststoffe und können
  regulierend auf den Darm wirken.

- Auf in Plastik eingepacktes Futter wie Silage o.ä. verzichten wir weitgehend, wovon
  wir in der Pferdefütterung sowieso abraten. Bei Mineral- oder Kraftfutter gibt es
  bereits viele Hersteller, die in **Papiersäcken** abfüllen. Ebenso bei Kräuteranbietern.
  Diese haben oft nicht nur Papiersäcke sondern auch Papp- anstatt Plastikbecher
  zum Abmessen, die sie den Paketen beilegen. Eine sehr positive Entwicklung.

- Nutzung von eigenem **Abbruchmaterial** und **Recyclingschotter** zur Befestigung
  von Untergrund. Wir haben aus eigenem zerkleinertem Bauschutt den Untergrund
  auf unserem „Paddockhügel" zur Verlegung der Paddockplatten befestigt. Weiterhin
  haben wir zum gleichen Zweck Recyclingschotter verwendet, der aus Beton

gewonnen und zerkleinert und gesiebt wird. Recyclingschotter ist frei von Gips oder anderen Fremdstoffen und somit ungefährlich für Pferde.

- Wir haben **recycelte Paddockplatten** zur Befestigung genutzt, die aus dem Plastikabfall gepresst werden, der durch die Haushalte in gelben Säcken oder Tonnen entsorgt wird (auf einigen Platten sind Aufschriften von Joghurtbechern etc. noch sichtbar).

- Synthetische Materialien wie Teppichschnipsel, Kunstrasen o.ä. zur Befestigung von Paddocks oder anderen Flächen vermeiden wir, da diese sich nicht abbauen und aufwändig zu entsorgen sind (Sondermüll). Wir nutzen meist einfachen **Maurersand mit mittelfeiner Körnung**, der bei uns auf dem Paddock gerne zum Schlafen oder Wälzen genutzt wird. Auf Longierzirkel und Reitplatz haben wir gewaschenen Sand mit feiner Körnung aufgebracht, da dieser auch nach Regen schnell begehbar ist.

Natürlich sind bei uns nicht alle Ecken im und um den Stall schön, nachhaltig und aufgeräumt. Im Laufe der Zeit verwittern Dinge oder nutzen sich ab. Manche Lösungen werden wieder verworfen und neu konzipiert. Ein eigener Stall ist eben auch ein lernendes System, das wahrscheinlich niemals perfekt oder fertig sein wird. Wir planen jedes Jahr Verbesserungen oder Neuerungen, da sich manche Dinge eben weniger gut in der Praxis bewähren als andere. Bestenfalls sollte man nicht „betriebsblind" werden und offen bleiben für neue oder bessere Lösungen. Eins meiner Lieblingshobbys ist, mir Ställe anderer Halter anzusehen sowie die Pferde, die dort leben. Dort sehe ich immer Dinge, die mir gefallen und andere, bei denen ich denke, dass wir das ebenfalls für unsere Zwecke positiv umgesetzt haben. Darauf bin ich dann auch ein bisschen stolz. Denn nichts ist schöner, als wenn das, was man geplant und gebaut hat durch die Pferde angenommen wird und sie auf ihre ganz eigene Art zeigen, dass sie sich wohlfühlen. Andererseits zeigen sie auch, wenn ihnen etwas nicht passt. Kritik von den Vierbeinern kommt immer kompromisslos, schnell und direkt.

## VII. Traumerfüllung

Den Traum vom eigenen Stall habe ich über viele Jahre geträumt, bis er dann vor etwas mehr als fünf Jahren im Jahr 2016 in Erfüllung ging. Das Ziel „mit den Pferden am Haus zu leben" war geschafft. Zu Beginn habe ich oft an der Terrassentür im Wohnzimmer gesessen, auf die grasenden Pferde geschaut und konnte kaum fassen, dass alles wahr geworden war und so reibungslos lief. Nachdem wir die Immobilie gekauft hatten, war das anschließende halbe Jahr unserer Freizeit ausgefüllt mit Renovieren, Organisieren und ellenlange Listen von Maßnahmen abarbeiten bis zum Pferdeeinzug. Unser neuer und alter Stall lagen mehr als 100 km voneinander entfernt, so dass die Zeit sehr knapp wurde, die Pferde im alten Stall zu besuchen.

Da wir in unserem Einstellerstall schon gekündigt hatten, gab es eine „Deadline". Das war zwar zum Schluss sehr zeitkritisch, aber auch gut, denn ohne einen Termin auf den man hinarbeitet, klappt es manchmal schlechter. Außerdem muss ja nicht alles perfekt sein, wenn die Pferde einziehen. Viele Tätigkeiten lassen sich später auch in Ruhe durchführen, wenn man selbst vor Ort wohnt und eine Eingewöhnung und Routinen einkehren.

Traumerfüllung in der Pferdehaltung hieß für uns nicht nur, uns zurückzulehnen und das Ergebnis zu genießen. Denn mit dem Einzug der Pferde begann auch ein geändertes Leben, das durch die Versorgung der Pferde, das gemeinsame Zusammenleben, in dem jeder Zwei- und Vierbeiner erst einmal seinen Rhythmus finden muss, geprägt ist.

Für uns hat die Selbstversorgung der Pferde zu einem geänderten Tagesablauf geführt, denn alle Termine in Freizeit und Arbeitszeit müssen nun so abgestimmt werden, dass die Pferdeversorgung gewährleistet ist. Auch Auszeiten wie Urlaub oder Krankheit müssen eingeplant werden. Wenn man zu zweit ist, kann das Eis ganz schön dünn werden. Deshalb ist es gut, wenn man ein paar zuverlässige Menschen im Hintergrund hat, auf die man zurückgreifen kann.

Auch für die Pferde gibt es viele Veränderungen und sie müssen sich erst einmal im neuen Stall einleben. Je pferdegerechter dieser konzipiert ist, desto einfacher wird es für sie. Sicherlich ist es hilfreich, wenn man bereits befreundete, bekannte Pferde zusammen umstellt. So kann gemeinsam in der Sicherheit vertrauter Partner das neue Terrain erobert werden.

Wir haben für unsere Pferde auch vertraute und bewährte Gegenstände, die sie aus ihrer bisherigen Haltung kannten, in den neuen Stall und Außenbereich eingebaut. Zum Beispiel die Einstreu mit Leinstroh, Kratzhilfen in guter Erreichbarkeit oder breite, weiße, gut sichtbare Zaunlitzen. In unserem Fall lief die Umstellung in den neuen Stall äußerst problemlos und in ruhigen Bahnen. Auch die Rollen unserer Pferde hatten sich verändert. Unser Quarterhorse als der physisch stärkere wurde der Herdenchef, was er vorher in großen Herden nie war und wahrscheinlich auch nicht angestrebt hatte. Da unser New-Forest-Pony als totaler Ruhepol die eigentliche Führung und Einschätzung von Gefahren weiterhin auf seine stille Weise übernommen hatte, ergänzte sich diese Konstellation jedoch ausnehmend gut.

## VIII. Auf einen Blick

Abschließend möchte ich nochmals die Voraussetzungen zusammenfassen, die Pferden eine Haltung bieten, bei der sie sich nicht nur wohlfühlen sondern in der sie sich allmählich in all ihrer Einzigartigkeit entfalten können:

- Sozialkontakte: eine dauerhafte und stabile Herde, in der dein Pferd seinen ureigenen Platz finden kann. Möglichst, in der es Pferde ähnlicher Rassen, Größe und Charaktere findet, damit es Freundschaften schließen kann. Denn Pferde suchen Freunde und das sowohl im Umgang mit Menschen, in dem sie uns sehr viel „schenken" können, wenn sie Vertrauen haben. Aber vor allem auch in der Herde, in der sie gemeinsam spielen, nebeneinander fressen, ruhen, rennen, schlafen, sich gegenseitig das Fell kraulen und das Gefühl haben, dass sie in und durch die Herde in Sicherheit sind.

- **Fütterung:** Qualitativ hochwertiges Heu, das dauerhaft zur Verfügung steht, stellt die Basis für Gesundheit und Wohlergehen dar. In der Natur besteht die ruhige Futteraufnahme aus ca. 16-18 Stunden pro Tag, in der sich Herden fortlaufend langsam weiterbewegen. Wir können zwar nicht die Laufstrecken aus der Natur kopieren, aber das Futterangebot entsprechend gestalten und für Ruhe in der Herde sorgen. Dafür sollten wir das Futter auf mehrere Plätze verteilen, so dass rangniedrige und ältere Pferde nicht in Unruhe oder Gerangel geraten. Weiterhin sollten wir für eine der Leistung, Typ und Alter der Pferde gerechte Kraft- und Mineralfutterzugabe sorgen. Auch durch Hecken, Äste etc., an denen sich die Pferde bedienen können, bekommen sie Nährstoffe und Vitamine und als zweiten Effekt haben sie damit Beschäftigung und gemeinsamen Spaß.

- **Tägliche freie Bewegung:** Jedes Pferd sollte täglich und in Pferdegesellschaft die Möglichkeit haben, sich selbst in dem Tempo zu bewegen, nach dem ihm gerade zumute ist. Diese Bewegung ist nicht über die von Menschen geforderte Arbeit beim Reiten, Fahren oder Longieren austauschbar. Es empfiehlt sich, den Pferden dazu <u>verschiedene Böden</u> anzubieten wie trocken gelegte Flächen, Sand, gepflasterte harte Böden oder auch Wasserdurchgänge, Kieselsteine etc. All diese unterschiedlichen Untergründe fördern die Hufdurchblutung und sensibilisieren die Wahrnehmung der Pferde. Auch die Möglichkeit einer Sandkuhle zum Wälzen oder hügeliges Gelände ist für Muskulatur und Koordination empfehlenswert.

- **Platz und Weitsicht:** Das Platzangebot für Pferde ist in den meisten Ställen und Paddocks hierzulande sehr begrenzt. Weiterhin gibt es wetterbedingte Zeiten, in denen viele Wiesen und Weiden einfach nicht nutzbar sind, da die Rutschgefahr bei Nässe groß ist und die Pferde im Laufen und Rennen die Grasnarben kaputt machen. Daher ist die Befestigung eines ausreichend großen Auslaufes /Paddocks wichtig, um den Pferden ganzjährig genug Bewegung zu ermöglichen, auch in schnellen

Gangarten. Ein befestigter Auslauf, Paddocktrail oder Reitplatz ist dafür am besten geeignet und schont unser Wiesenland für den Sommer.

- Pferde als Fluchttiere genießen <u>Weitsicht</u>. Sie fühlen sich sicher, wenn sie vorausschauend erfassen können, was in der Ferne los ist. Sie brauchen Reize von außen, um ihre Wahrnehmung zu sensibilisieren, frische Luft und Licht. So können sie mit allen Sinnen ihr Umfeld wahrnehmen. Daher ist die Lage des Stalls und der Wiesen sehr wichtig und es ist ratsam, diese Überlegungen in die Planung einzubeziehen.

- <u>Ausreichende Schlaf- und Ruhephasen</u> sind für die Regenerierung der Organe und Vitalfunktionen der Pferde von großer Bedeutung. Daher sind einladende und ausreichend große Liegeflächen mit staubfreier, trockener Einstreu notwendig, den Rahmen für diese Ruhephasen zu schaffen. Diese sollten im Stall zu finden sein, aber auch draußen sind befestigte Liegeflächen mit Sand, Hackschnitzeln o.ä. beliebt, um das Wälzen und Ablegen angenehm zu gestalten. Übermüdeten Pferden fehlen weniger kurze Dös- und Ruhephasen als vielmehr Tiefschlafphasen, in denen sie sich oft ausgestreckt auf die Seite legen und vertraute Herdenmitglieder benötigen, die in diesen Momenten auf sie aufpassen.

Der <u>Herdengestaltung</u> kommt eine große Bedeutung zu, guten Schlaf zu ermöglichen. Erst im Vertrauen und der Sicherheit der Herde kann tiefer Schlaf zugelassen werden. Ständige Fluktuation oder Unruhe, Fressneid oder schlecht passende Energien werden manche Pferde nicht zur Ruhe kommen lassen. Auch körperliche Probleme sollten abgecheckt werden, um Schmerz oder Unwohlsein auszuschließen.

Wenn wir diese Bedingungen in unserem Stall und den Außenbereichen für die Pferde geschaffen haben, ist die Wahrscheinlichkeit groß, dass die Tiere ausgeglichen, gesund und stabil sind.

Ziel dieses Leitfadens sollte sein, dich in der Planungs- und Umsetzungsphase auf deinem Weg zur eigenen Pferdehaltung zu unterstützen, damit du für deine individuelle Situation Lösungen oder Anregungen findest. In der Zeit deiner Suche und der Entwicklung deines Konzeptes wirst du dich wahrscheinlich auch mit Meinungen auseinandersetzen müssen, die dir deinen Traum ausreden, Kritik üben oder dir Grenzen aufzeigen wollen. Aussagen wie „das schaffst du ja doch nicht" oder „dann kannst du nie wieder in Urlaub fahren" oder Ähnliches sollten dich nicht beeindrucken.

Indem wir unser laufendes Projekt vorgestellt haben möchten wir einerseits aufzeigen, dass eine gute Grundlage und durchdachte Planung vieles erleichtert. Dafür sollte ausreichend Zeit eingeplant werden, ebenso wie für die tägliche Pferdeversorgung. Mit der Vorstellung unserer Pferdeselbstversorgung möchten wir andererseits auch Mut machen, Ziele und Träume zu verwirklichen. Wir sind selbst zu der Ansicht gekommen, dass das gemeinsame Leben und Wohnen mit Pferden den Alltag enorm bereichert und eine Bindung und Kommunikation entstehen kann, die fast als magisch zu bezeichnen ist.

Unser Ziel bei der Pferdehaltung ist nicht nur, dass die Grundbedürfnisse der Pferde gedeckt, sondern dass sie ausgeglichen und gesund sind und ihr individuelles Wesen leben und entfalten können. Pferde, die spezifische Probleme haben oder nicht in Balance sind, können dies auf sehr unterschiedliche Weise zeigen. Sie leiden in der Regel still, denn als Fluchttiere zeigen sie keine oder erst einmal nur leichte Veränderungen ihres Verhaltens, wenn sie nicht fit sind, da sie in der Natur sonst leichte Beute wären. Um solche körperlichen oder seelischen Symptome wahrzunehmen, muss man sein Pferd schon gut kennen, denn es kann sich um kleinste Veränderungen handeln. Daher gehen wir Menschen oft schnell davon aus, dass alles o.k. ist, wenn nichts Gravierendes sichtbar scheint. Erst wenn offensichtliche „Unarten", wie Weben oder Koppen, Nervosität, Apathie oder körperliche Krankheiten auftreten, werden viele Besitzer hellhörig oder ziehen mit ihren Pferden von einem Stall in den nächsten.

Besser ist es daher Probleme schon an der Basis zu verhindern, indem präventive Maßnahmen durchgeführt werden. Damit soll vermieden werden, dass unsere Pferde in ein

Ungleichgewicht kommen oder in Stresssituationen. Im Grunde liegt daher das Wohlbefinden unserer Pferde zu einem Großteil in unseren Händen.

Was du an Training wie Bodenarbeit, Reiten oder sonstigen Aktivitäten mit deinen Pferden durchführst, kann durch eine positive Haltung eine neue Qualität bekommen, da durch das enge Zusammenleben eine tiefere Bindung entstehen kann. Wir Menschen werden Teil der Herde und die Pferde unsere direkten Familienmitglieder.

In deinem Stall wirst du auch eine wunderbare Energie spüren, die die Pferde mit ihrem Leben und ihren Seelen dort hineinbringen. Mein persönlicher Lieblingsmoment ist immer am Abend, wenn alles getan ist und ich einfach noch eine Weile im Stall bei den Pferden sitze. Sie fressen dann oder schauen kurz nach mir und ich nutze diesen Augenblick, den Tag Revue passieren zu lassen und tanke diese wunderbare und reine Energie.

In diesem Sinne wünsche ich dir - wo auch immer du dich mit deinen Pferden befindest - ein gutes Gelingen für die Umsetzung deines Vorhabens sowie jede Menge positive Energie in deinem Stall - für alle Menschen und Tiere darin.

# Hilfreiche Links

- Gesetze
  Über die von mir erwähnten Gesetze (Bau NV, TierSchG, ViehVerkV, Tierseuchenkasse) und andere informiert das Bundesministerium für Justiz auf seiner Datenbank „Gesetze im Internet". Diese Informationen dienen der ersten Orientierung und ersetzen keine Beratung durch einen Experten.
  http://www.gesetze-im-internet.de/cgi-bin/htsearch

- Bundesministerium für Ernährung, Landwirtschaft und Verbraucherschutz: *Leitlinien zur Beurteilung von Pferdehaltungen unter Tierschutzgesichtspunkten (Stand Juni 2009)*
  https://www.bmel.de/DE/themen/tiere/tierschutz/tierschutz-pferdehaltung.htm

- Bodenproben und Heuanalysen Raiffeisen
  www.raiffeisen-laborservice.de/gartenbau-bodenanalyse
  www.raiffeisen-laborservice.de/futtermittel

- Heuanalysen Lufa Nordwest
  https://www.lufa-nord-west.de/index.cfm/nav/9/article/2006.html
  Heuanalysen Bio Check
  https://www.biocheck-leipzig.de/futtermittelanalytik/

- LAG Stallzertifizierung mit Tipps zum Offenstallbau
  https://lag-online.de/

- VfD Verein der Freizeitreiter und -Fahrer in Deutschland e.V.
  http: vfdnet.de/

- Kotuntersuchung Wurmbekämpfung
  www.wurmbekampfung.eu
  www.vetevo.de

- Huforthopädie nach Jochen Biernat
  http://difho.de

- Pferdezahnbehandlung
  Internationale Gesellschaft zur Funktionsverbesserung der Pferdezähne e.V.
  http://www.igfp-ev.de

# Literatur

Biernat, Jochen und Rasch, Konstanze: *Der Weg zum gesunden Huf. Die neue Huflehre*, Müller Rüschlikon Verlag, Stuttgart, 2014

Couzens, Tim: *Das Pferde-Homöopathie-Buch. Ein Fachbuch für Therapeuten und Pferdebesitzer*, Narayana Verlag, Kandern, 2010 (5. Auflage)

Deiser, Rudolf: *Taschen-Repertorium der homöopathischen Tiermedizin*, Karl F. Haug Fachbuchverlag, 2002

Jaime Jackson: Paddock Paradise: *A Guide to Natural Horse Boarding*, Star Ridge Publishing; Revised Edition, 2018

Kiefner, Lena Charlotte (2016), *Untersuchungen zu Schlafstörungen beim Pferd: Narkolepsie versus REM-Schlafmangel*, Dissertation, LMU München: Tierärztliche Fakultät

Rashid, Mark: *Denn Pferde lügen nicht. Neue Wege zu einer vertrauten Mensch-Pferd-Beziehung*, Franckh Kosmos, Stuttgart, 2012 (2. Auflage)

Tellington-Jones, Linda mit Liebermann, Bobbie, *Tellington Training für Pferde: Das große Lehr- und Praxisbuch*, Franckh Kosmos, Stuttgart, 2018 (2. Edition)